AF416782

# CONVIÉRTETE EN TU PERSONA VITAMINA

BILL WAITS

Para John Waits, de quien aprendí a volver a mirar el mundo con ojo de niño
y vivir el día a día con energía

# 1 INTRODUCCIÓN

Corría el año 2021 cuando llegó a mi manos un interesante libro: "Encuentra tu persona vitamina", escrito por la psiquiatra española Marian Rojas. Yo conocía su trabajo después de haber disfrutado su bello título "Cómo hacer que te pasen cosas buenas" (Planeta, 2018) y la noticia de un nuevo texto de Rojas me alegró el día y me impulsó a leer frenéticamente qué era esto de encontrar a la persona vitamina. La lectura me atrapó con fuerza y devoré el texto en algunas horas.

En su libro, Rojas empleó el concepto de personas vitamina para referirse a un tipo particular de seres humanos con la poderosa capacidad de ver la vida desde el optimismo, la empatía, el buen humor y la resolución para actuar cuando hay que actuar. A lo largo de su tésis, la autora nos explica cómo funciona la oxitocina, la hormona que nos ayuda a generar vínculos y sentir empatía, despertando una sensación de bienestar. De manera minuciosa y clara, Marian Rojas nos da una serie de pasos para encontrar a esas personas en nuestro camino, para rodearnos de quienes nos comprenden, nos entienden, evitan juzgarnos y disfrutan de nuestras alegrías de manera honesta.

Es fundamental que nuestro entorno esté poblado de este tipo de personas. Con frecuencia, nos vemos envueltos en un ambiente tóxico repleto de hipocresía y falsedades que nos impiden tener una vida plena. ¿Por qué lo permitimos si la vida es tan corta?

Es importante tener presente que no todo el mundo es una buena compañía. Quizás esas personas puedan ser la compañía adecuada para otros, pero no para ti. A veces creemos que ver con ingenuidad a las personas implica aceptar a las personalidades egoístas, negativas, envidiosas, manipuladoras o que actúan como víctimas y con un alto grado de dependencia hacia nosotros. Esto no es así, bien lo explica Rojas en su libro y bien lo sabemos quienes trabajamos en el campo de la psicología social.

Al terminar el libro -que recomiendo encarecidamente- me quedó flotando una reflexión. ¿Qué tal si mientras buscamos a esas personas descubrimos que nosotros mismos tenemos el deber de convertirnos en una de ellas? ¿Cómo podemos nosotros convertirnos en esa famosa persona vitamina? ¿Es posible crear un manual de convivencia que te permita ser feliz y a la vez hacer feliz a quiénes te rodean? Muchas personas creen que para ser felices deben pasar por encima de los demás. Otros creen que la felicidad de sus seres cercanos depende de un sacrificio personal, dejando de lado una larga lista de sueños para cumplir con los deseos y anhelos de otras personas. Yo creo que se puede ser feliz y hacer feliz a los demás siguiendo algunos pasos. Esto no siempre es fácil. Estamos acostumbrados a la felicidad exprés, que no es otra cosa que la liberación sin sentido de constantes cargas de dopamina mediante los estímulos como las redes sociales, el alcohol, la pornografía o cualquier cosa que te de una gratificación instantánea.

Entonces me decidí a escribir este libro, basado en mi experiencia como psicólogo y como ser humano. Pues muchas de las lecciones que encontrarás acá proceden de mi experiencia como una persona más. Espero que encuentres en este manual las enseñanzas que te permitan convertirte tú en la persona vitamina y encontrar así el equilibrio necesario para ser feliz.

Se trata de lecciones en apariencia simples pero de una compleja profundidad, pues de otra forma todos los seres humanos tendríamos una conducta saludable a nivel psicológico. ¿Por qué a veces las personas tendemos hacia comportamientos que no favorecen nuestra felicidad? Los misterios de la conducta humana son insondables y por eso me parece fundamental seguir con rigor ciertas recomendaciones, después de todo, la vida está basada en declaraciones de intenciones. En la medida en que las sigamos, nos acercaremos cada vez más a nuestra mejor versión.

Me gustaría agradecer a Marian Rojas, a quien no he tenido el honor de conocer personalmente, por inspirarme con su bello libro y por darme una lección fundamental en la vida: si quieres que algo bueno te suceda, todo está en tus manos.

# 2 LA HISTORIA DE WALTER

Me gustaría comenzar este libro hablando de una historia cercana. Hace algún tiempo, llegó a mi consulta un hombre de mediana edad llamado Walter. Parecía un tipo amable, con una sonrisa en el rostro y buenos modales. "Doctor, he vivido una vida equivocada. No quiero seguir así", me dijo cuando le pregunté el motivo de su visita a mi consulta. Le pedí un poco más de información, pues como bien es sabido, una vida equivocada depende mucho desde dónde se mire. Lo que para algunos es equivocado puede ser muy correcto para otros. Entonces comenzó su relato.

Cuando tenía quince años, Walter creía que las personas eran un instrumento más en la vida. Pensaba en su entorno como una herramienta para llegar a su meta. Según me explicó, tenía plena consciencia de que se trataba de una idea mezquina, pero decía que ya a su corta edad se encontraba decepcionado del mundo como para perder la fe en la humanidad. "Doctor, yo no podía soportar el eterno discurso sobre la fraternización de los humanos. Yo conocía el origen de esa palabra con su raíz francesa frère, que se traduce como hermano ¿Pero de qué rayos me hablaban si la historia de la tradición judeo católica y todas las religiones de occidente está basada en un fratricidio salvaje como el de Caín en contra de Abel?". Su relato era sin duda cautivador. Tenía la capacidad de hablar sin temores sobre ideas de las que no se sentía muy orgulloso.

Según me contó, era consciente del carácter innoble de sus ideas, pero creía que ya para su joven edad tan estaba decepcionado de la sociedad humana como para albergar este tipo de pensamientos: "las personas son instrumentos y solo sirven si son útiles para un fin".

"Doctor, cuando yo miraba a mi alrededor no encontraba otra cosa que la confirmación de esa idea. Todo era miseria y avaricia, guerra, hambre, destrucción", dijo y me ilustró con ejemplos. Hablaba de los años en que el mundo crujía en sus cimientos, las guerras civiles incendiaban los Balcanes, el desplome de la Unión Soviética era celebrado por un neoliberalismo salvaje y las noticias repetían una y otra vez que el agujero en la capa de ozono crecía sin parar.

"¿Cómo podía pensar en otra cosa que la decepción sobre nuestra especie?" El joven Walter tenía algo de razón, pero me intrigaba sobremanera cómo es que ese jóven misántropo y mezquino había llegado hasta mi consulta convertido en lo que parecía un hombre de bien.

Walter continuó su relato y me contó las consecuencias de su concepción de la vida: ver a las personas de ese modo no le permitió abrirse lo suficiente como para poder establecer una red de amigos que hiciera de su juventud una época de felicidad. "Yo vivía a la defensiva, Estaba convencido de que todas las personas que me rodeaban guardaban malos sentimientos en sus corazones, escondidos detrás de sonrisas falsas y me costaba incluso confiar en mis padres. Ellos no eran malas personas, pero yo creía que al menos eran culpables de mi sufrimiento por haberme dado el problema de la existencia. Así que mi relación con ellos tampoco era muy fluida. Yo iba de la escuela a casa solo para encerrarme en mi cuarto a leer historietas y escuchar rock pesado. Encajaba perfectamente en lo que hoy podría ser considerado un chico problema con potencial de hacer algo horrible como lo hicieron esos chicos de Columbine. Los textos que leía entonces estaban cargados de odio hacia la especie humana, por lo que mi situación se veía reforzada por todo un marco teórico que daba pie a unos sentimientos absurdos".

Escucharlo era sobrecogedor. El hombre tenía grandes capacidades narrativas y en su discurso podías sentir la tristeza por un pasado imposible de modificar. Lo peor vino después, me dijo. "Cuando trato de pensar en lo que sucedió, siento que hubo otra persona dentro de mí". Antes de terminar el instituto, Walter comenzó a coquetear con las ideas de la extrema derecha y tardó poco en seguir ideologías de corte neonazi. "En este grupo encontré personas que tenían una visión de la vida similar a la mía. Eran chicos como yo, decepcionados de la humanidad, llenos de un odio irracional que creíamos que la humanidad estaba perdida y que ninguno de los valores que supuestamente regían en nuestra sociedad era real".

Pese a encontrar un grupo social, Walter no era feliz. "Es muy difícil encontrar la felicidad cuando convives con el odio. Esos chicos y yo estábamos perdidos sin saberlo. Nos creíamos superiores al resto de las personas porque pensábamos que teníamos ideas claras y dudábamos de todo lo que se nos planteaba. En un comienzo nos reuníamos a discutir textos de algunos autores como Nietzsche o Schopenhauer, pero claro, distorsionábamos su significado para hacerlo coincidir con nuestros valores. Con el tiempo planeamos algunas actividades bastante deplorables, como escribir ciertas consignas en los muros de la ciudad o acosar a personas en condiciones vulnerables. Hoy recuerdo todo esto con una vergüenza que me es difícil de soportar". En este punto, Walter hizo una pausa en su relato y lloró ocultando su rostro entre sus manos. "Fue una época muy oscura, pues en paralelo sufrí una desgracia que marcó mi vida. Mis padres fallecieron en un trágico accidente en la carretera. No pude decirles que los quería, estaba tan lleno de odio y desilusión que por entonces pensé en su muerte como un gran alivio para mí. Dios mío, fui tan estúpido que no pude ver lo que sucedía. Las únicas personas del mundo que mostraban un amor desinteresado por mí acababan de desaparecer y yo sentía alivio. Pero claro, el tiempo se encargaría de ponerme en mi lugar. Tenía veinte años y un trabajo mediocre en una cadena de comida rápida, por las noches me dedicaba a tomar alcohol en la soledad de mi casa y los fines de semana acudía a las absurdas reuniones de mi grupo de desadaptados en las que planeábamos cómo hacer la vida más miserable a quienes ya tenían suficiente con su vulnerabilidad. El odio que sentía por la sociedad no hacía más que crecer. Quizá por eso me ofrecí como voluntario cuando nuestro grupo de delincuentes escondidos detrás de una ideología sin pies ni cabeza decidió que deberíamos dar una paliza a unos chicos negros. Acudimos en grupo, como cobardes, hasta la cancha de basketball donde ellos solían jugar y escogimos dos al azar. Los golpeamos sin piedad con bates de baseball. Uno de ellos perdió varios dientes por culpa nuestra. Al cabo de una semana la policía llegó hasta mi casa. Alguien me había identificado y yo tenía que responder por el ataque. En la corte estatal, mis supuestos compañeros de 'brigada' desaparecieron. Solo uno de ellos testificó y me acusó de ser el líder del grupo y de haber planeado todo. En el allanamiento en mi casa encontraron literatura nazi y una larga lista de basura que me inculpaba. Al final de cuentas tenían razón. Yo no era el líder del grupo pero me había dejado manipular como un imbécil. Es más, yo había sentido cierto orgullo al poder llevar a cabo aquella maldad. Me sentenciaron a tres años de cárcel, revisables después de dieciocho meses. Tenía veintiún años y la vida destrozada. La prisión fue un infierno que no podría describir. Solo hizo que aumentara mi odio por la sociedad y el sistema. Todo me parecía una burda obra de teatro diseñada para que los humanos creyeran que su vida tenía algún sentido. Para entonces, yo conocía de sobra el recurso de la queja y era experto en el arte de la lamentación sin sentido, pues de alguna forma sabía que adoptar el rol de víctima me permitía evadirme de mis responsabilidades. El concepto de rehabilitación de las prisiones no tiene mucho sentido. Allí las personas se cocinan en su propio odio. Eso me sucedió durante mi estancia. No entendía que la culpa de lo que me había pasado era solo mía. Yo me consideraba una víctima de la hipocresía del sistema. Traté de buscar refugio en la lectura, pero los textos de la prisión me resultaban vacíos, sin sentido. Muchos de ellos estaban ligados a la religión y me hablaban de valores que no me resultaba posible encontrar en ningún lado. En algún momento pensé que quizás lo mejor para mi espíritu sería el suicidio. Salir de este mundo para siempre, pues nada tenía sentido".

"Salí de allí sin experimentar ninguna rehabilitación. Es cierto que mis reflexiones me alejaron del absurdo mundo del supremacismo blanco, pero seguía creyendo que las personas eran tan solo herramientas para alcanzar un fin. Claro, yo no sabía cuál era ese fin en mi vida. Encontré un trabajo mediocre y mi rutina se parecía mucho a la que tenía antes de entrar en prisión: iba de mi casa a mi empleo y volvía con el cuerpo molido a sentarme frente al televisor con una cerveza en la mano. Cerveza tras cerveza me adormecía hasta perder el conocimiento. Al día siguiente me despertaba con un infernal dolor de cabeza que solo una cerveza al desayuno podía calmar. La rueda volvía a girar y la rutina se repetía. Pasaron tres años en una situación similar. Sentía dolores en distintas partes de mi cuerpo, pero nada parecía inquietarme lo suficiente como para cambiar de hábitos. Para entonces ya no pensaba en las personas, ya no pensaba en la sociedad, ya no pensaba en nada más que mi cheque a fin de mes para estar seguro de que podría financiar mis cervezas y la comida chatarra que llenaban mis tardes. Engordé y cambié de aspecto. Aún no cumplía los treinta años y ya parecía envejecido, derrotado.

Vivir en la amargura tiene su precio. Lo supe cuando una tarde frente al lavavajillas sentí una punzada aguda en la parte baja de mi espalda. Era un dolor vivo, como si me hubieran perforado con una vara ardiente. Nunca antes había sentido algo así: en mi absurdo paso por las brigadas supremacistas recibí más de un golpe, pero aquello era diferente. Mi cuerpo crujía por dentro y el dolor era tan insoportable que me desmayé. Cuando retomé el conocimiento, me arrastré como pude hasta la puerta de mi departamento para pedir ayuda. Un hombre llamó al 911 y una ambulancia apareció en breve para conducirme al hospital. Los paramédicos me analizaron en el trayecto y comentaba entre sí cosas que yo no podía entender. Me inyectaron con un poderoso calmante que me hizo entrar en un estado de desconexión hasta el día siguiente. Cuando abrí los ojos habían pasado más de doce horas desde mi ingreso al hospital. Llevaba una bata blanca y un suero conectado al brazo. Al poco rato apareció una enfermera por allí y me saludó con un gesto amable. 'Ha tenido usted suerte, de no ser por su vecino habría muerto en su casa', me dijo y explicó que la ayuda que recibí me salvó la vida. Sufrí una hemorragia interna y durante la revisión los doctores encontraron que mis riñones estaban destrozados. Un doctor me confirmó el diagnóstico: necesitaría un trasplante con urgencia. Si no encontraba un donante, en pocos meses estaría muerto. La noticia me cayó como un balde de agua fría. El destino parecía vengarse de mí con una treta sucia. Ahora dependería de la humanidad si quería seguir entre los vivos. Entré en la lista de espera nacional pero no era prioridad: delante mío había una cantidad de personas abultada, tanto que no podía esperar a que el sistema público encontrara un riñón para mi cuerpo. Salí del hospital con una pequeña máquina a la que debía conectarme cada noche para hacerme una diálisis, pero esto no sería suficiente en un tiempo. ¿Sería este mi final? me preguntaba constantemente. ¿Había servido de algo mi vida? La profunda sensación de haber dejado pasar los días envuelto en odio solo hacía aumentar mi odio hacia el mundo. En ese momento no podía entender que todos los problemas que había atravesado a lo largo de mi vida eran culpa mía. Yo me consideraba una víctima de las circunstancias y estaba convencido de que todas las tragedias que había vivido me daban la razón".

"Aturdido ante la perspectiva de la muerte, dejé mi trabajo y me encerré en mi hogar, dispuesto a esperar sentado y con una cerveza en la mano. Pasé semanas así, a pesar de las recomendaciones de los doctores. Hacía mi diálisis por las noches, después de beber cerveza y ver televisión. Me cuesta recordar con claridad aquellos días. No sé si debe al exceso de alcohol o a la sensación de desesperanza, pero hoy todo aquello me parece parte de una pesadilla vivida por otra persona. Cuando creía que mi muerte estaba a la vuelta de la esquina, sonó el timbre de mi departamento. No tenía ganas de ver a nadie y lo dejé estar. Pero la persona del otro lado insistía. El sonido interrumpía al televisor, así que me levanté y abrí. Me encontré con el rostro de mi vecino, el hombre de raza negra que había llamado al 911 cuando sufrí mi hemorragia.

Se presentó con una sonrisa: 'Me llamo Tim, quería saber cómo te encontrabas y si te apetecía pasar el Día de Acción de Gracias con mi familia', me dijo extendiendo su mano hacia mí. Lo miré fijamente y cerré la puerta en su rostro, sin contestar una sola palabra. ¿Qué se creía este hombre para venir a buscar mi amistad? Al cabo de unos minutoss, el timbre volvió a sonar con insistencia. Si quería escuchar el televisor debía abrir esa puerta y deshacerme de aquel hombre, así que me levanté de mal humor, dispuesto a soltar una larga lista de insultos. Abrí de golpe y la sorpresa fue grande cuando me encontré con una niña de raza negra, probablemente la hija de Tim, que traía una tarjeta entre sus manos. La pequeña debía tener unos siete años y llevaba dos trenzas en el pelo. Sus dientes eran blancos como la leche y en los ojos tenía el brillo de diez mil diamantes. 'Mi papi dice que necesitas amor. Yo te hice esta tarjeta', me dijo y la extendió hacia mí antes de salir corriendo avergonzada. Volví a mi sofá y mi cerveza con la tarjeta en la mano. Se trataba de una cartulina escolar doblada por la mitad. Tenía el dibujo de un corazón mal delineado y un hombre blanco con un vaso en la mano. Con una caligrafía infantil decía: "espero que te mejores pronto". Habían pasado casi diez años desde la muerte de mis padres y muchos más desde la última vez que alguien me dijo una cosa como esa. No pude evitar pensar con nostalgia en el paso del tiempo y en la montaña rusa que había sido mi vida hasta entonces. Una lágrima rebelde se asomó en mi rostro a pesar de todas las veces que me declaré como un hombre que no pensaba llorar jamás. Sentí algo de vergüenza por los sentimientos que me produjo esa tarjeta. Toda la situación era absurda. ¿Por qué aparecían esta niña y su padre ante mí para fastidiarme la vida? ¿Qué podía cambiar a estas alturas, cuando todo parecía escrito? Tomé la tarjeta entre mi mano, la arrugué y la lancé lejos, como si el gesto me permitiera expulsar a todos los seres humanos de la faz de la tierra.

"Al día siguiente me levanté con mi resaca habitual. Mi cabeza era como una gran olla a presión a punto de estallar así que tomé dos aspirinas. Mi refrigerador estaba vacío: sin comida ni cerveza, tenía que salir a esa tierra inhóspita que para mi era la calle. Aproveché para recoger las latas tiradas y los envases de pizza congelada que poblaban mi salón, metí todo en una gran bolsa de basura y enfilé hacia la calle. En el contenedor de basura me encontré con Tim. 'Buenos días, Walter. ¿Cómo te va todo en este hermoso día?' Su saludo me pareció absurdo. Un día después de cerrarle la puerta en la cara, aquel hombre aún quería conversar. 'Bien', me limité a contestar y salí de allí tan pronto como pude. 'Me alegro mucho, veo que hoy tienes más ganas de conversar. Vivo con mi familia en el departamento 202', dijo Tim mientras yo caminaba lejos de él. ¿Por qué hay personas que quieren dar sin recibir? ¿Qué había detrás de esa amabilidad? Seguro habría algo, porque nadie da nada sin esperar algo. Esas fueron algunas de las reflexiones que tuve rumbo al supermercado. Además, ¿cómo rayos sabía mi nombre? Estaba claro que ese hombre quería algo y su actitud lo había delatado. Hice mis compras con esa idea ardiente en mi corazón. Pero esto no se quedaría así. A mi regreso ese tal Tim me iba a escuchar. Sí señor. Después de dejar las bolsas de la compra, salí dispuesto a encarar a ese hombre. Departamento 202, dijo, allí iría. Toqué su timbre y en pocos segundos apareció en la puerta la niña que me había ofrecido la tarjeta. Un dulce aroma a canela inundaba el ambiente y la sonrisa de la pequeña me saludó: 'Ah, es usted. ¡Qué bueno que ha venido! Mi papi lo está esperando', dio media vuelta y gritó: 'papáaaaa, el vecino que necesita nuestro amor está acá'. Su honestidad me sacó una sonrisa. Me imaginé a la familia reunida en la cena y a Tim diciendo: 'bien, tenemos que brindarle nuestro amor al pobre tipo del 101. Él necesita amor'. La situación me pareció absurda y de alguna manera aborrecible. Yo no quería la compasión de nadie. No la necesitaba. Había sobrevivido sin indulgencias y lo podría seguir haciendo hasta que mis riñones dijeran basta. Tim apareció con su hija en brazos. La sonrisa de la niña era contagiosa y al verme de nuevo en su portal insistió a su padre: 'acá está el hombre que necesita amor'. Él le dijo que todos necesitamos amor y que yo no era la excepción. '¿No crees que tú también necesitas amor?' preguntó Tim a la pequeña. La escena me desarmó. Parte de la ira que traía conmigo cayó al suelo como una pesada bolsa de ropa sucia y solo atiné a preguntar a la pequeña '¿Cómo te llamas?'. 'Laetitia, pero me dicen La. Tú puedes decirme La'. Su padre me sonrió amable y me preguntó qué me traía ante él. '¿Has cambiado de opinión respecto a la cena de Acción de Gracias?'. Moví la cabeza en señal negativa y traté de retomar mis ideas. 'Escucha, no sé qué traes entre manos, pero será mejor que no sigas con esto. No sé qué quieres de mí, pero no vas a llegar muy lejos'. Su rostro se contrajo, extrañado. 'Escucha, Walter, no sé lo que piensas, pero te propongo algo. Pasa a tomarte un café con nosotros, Trishia está horneando unas galletas que no vendría mal compartir', al decir esto se tocó el vientre en señal de gordura y la pequeña La lo imitó. El olor era irresistible, pero una voz en mi interior me decía que aceptar algo de ese hombre sería traicionar todo mi pasado. 'No perdáis vuestro tiempo conmigo', dije y di media vuelta. De regreso en mi departamento, una idea recorría mi mente: ¿Por qué debo aceptar la amistad de un desconocido? ¿Por qué quiere ser mi amigo un hombre de raza negra si es evidente que soy quien soy? El arrullo turbio del alcohol me envolvió una vez más hasta perder el conocimiento.

"Dos día después desperté empapado en sudor por un dolor similar al de la punzada que me llevó al hospital. A medida que el dolor aumentaba, me convencía de que esta vez no lo lograría. Caminé tambaleando hasta la entrada de mi departamento, abrí la puerta y me derrumbé como la primera vez. Lo que sucedió a continuación es bruma: sirenas, gritos, sueño, túneles, vacío, doctores, sangre, respiradores artificiales, paisajes volcánicos, azul profundo, mi recuerdo de infancia, yo niño jugando con una bola de baseball, la sonrisa de mi madre y la oscuridad total. Abrí los ojos y el sonido del monitor de mis pulsaciones me dio una idea de dónde me encontraba. Tardé algunos minutos en incorporarme. Tenía una sensación de pesadez y dolor por todo el abdomen. Traté de sentarme en la cama del hospital, pero un vendaje ceñido al torso me lo impidió. Dejé caer mi cabeza sobre la almohada y miré a mi alrededor. Estaba en un pabellón compartido y mi espacio estaba delimitado por una cortinilla. Al cabo de unos minutos, una enfermera abrió la cortina y se sorprendió al verme consciente. 'Oh, vaya, veo que ha vuelto usted con nosotros'. Todo parecía extraño a mi alrededor, excepto por el hombre que yacía en la cama de al lado: su rostro me era familiar, pero mi cerebro iba muy lentamente. Era Tim. ¿Por qué diablos estaba mi vecino de departamento a mi lado? Por un instante temí haber hecho algo malo durante la inconsciencia del alcohol. Tim me miró desde su cama mientras comía lo que parecía un flan. '¡Vaya, por fin has vuelto! Creíamos que no te tendríamos para la cena', dijo entre risas y agregó: 'después de todo, parece que al final de cuentas celebraremos juntos el Día de Acción de Gracias, Walter'. La enfermera volvió acompañada de un doctor. Me examinaron con delicadeza y el doctor dijo: 'Bien, parece que las cosas progresan de manera positiva. Creo que le debe usted un abrazo a este hombre, le ha salvado la vida', dijo señalando a Tim. ¿Cómo podía entender todo aquello? 'Creo que usted no lo ha comprendido. Este hombre le donó uno de sus riñones. Hicimos la operación de urgencia y todo indica que su recuperación avanza bien. En unas semanas usted estará casi como nuevo', bromeó el doctor".

"La noticia fue una bomba atómica en mi espíritu. ¿Cómo podía ser posible que un tipo que yo apenas conocía hubiese sacrificado años de su vida para prolongar la mía? No podía entender nada de lo que estaba pasando, todo me parecía una broma macabra del destino, no era posible que después de todo la vida me diera una nueva oportunidad en la manos de ese hombre, un tipo al que yo había prejuiciado absurdamente por su raza y a quien había despreciado. '¡¿Y quién los autorizó a ponerme su riñón!?', pregunté al doctor con un odio encendido. '¿Por qué nadie me preguntó si yo quería su riñón?', insistí. 'Usted mismo lo hizo. Durante su primer ingreso al hospital llenó una serie de documentos que nos autorizaban para actuar en caso de que se encontrase inconsciente y es precisamente eso lo que hicimos', me contestó el doctor, visiblemente molesto. 'En lugar de hacer ese tipo de preguntas estúpidas usted debería estar dando las gracias a este hombre y al destino por la oportunidad que le dan. ¿Cree que todo el mundo tiene su suerte?'. El doctor salió del pabellón y quedé en silencio, arrullado por el sonido del monitor de signos vitales y el vaivén de mis pensamientos. Tim me miró con seriedad y después de un rato dijo: 'Hey, hermano, no quiero tu agradecimiento, pero al menos creo que me merezco un poco de tu cena' y apuntó con los labios a una bandeja con comida acomodada junto a mi cama. Era increíble. El hombre me había dado un riñón que yo me negaba a aceptar y aún así mantenía su apetito y buen humor. Respiré profundo y como pude me incorporé en la camilla para alcanzar la bandeja. Con dificultad la arrastré hacia su cama y dije una palabra que había pronunciado pocas veces en mi vida: 'Gracias'. El sonido de estas letras fue como un mantra sagrado que estaba escondido en mi interior y con el que algo se desbloqueó en mi alma. Tim me miró con un gesto curioso que entendí como 'no te preocupes, hombre, para eso estamos', pero sí que me preocupaba Él y yo apenas habíamos intercambiado algunas palabras y no eran precisamente las más amables de mi parte, aún así me había dado el regalo más precioso que un hombre pueda recibir jamás. Por primera vez en mi vida adulta, rompí en llanto. Eran las lágrimas acumuladas durante una vida de odio, una vida consagrada a la agresividad y al desprecio a los demás, era el llanto por todo lo que había dejado de ver, cómo pude ser tan estúpido, me decía, si la verdad estaba allí para quien la quiera ver: las buenas personas existen y no es necesario buscar debajo de las piedras, los verdaderos parámetros de vida de todo ser humano han de ser la bondad y la generosidad. 'No lo merezco, no lo merezco', repetí una y otra vez entre mi llanto. Realmente creía que no merecía la bendición que aquel ser humano me estaba dando. Él pareció contrariado con mis palabras y me interrumpió. 'Escucha, hermano, yo sé muy bien quién eres y qué piensas. Yo te conozco más de lo que tú crees. Sé que estuviste en prisión y sé muy bien los motivos… Por eso mismo creo que mereces una nueva oportunidad. Las personas como tú no son diferentes a las personas como yo, o como él o ella… todos necesitamos amor, cariño y comprensión. Y yo no voy a quedarme sentado en mi casa a la espera de que alguien ofrezca amor. Lo voy a dar yo, porque sé que esto es una cadena de favores'. Tim hablaba como un predicador dominical mientras yo sollozaba. Los otros pacientes del pabellón seguían la escena con interés y un hombre de cierta edad amagó con aplaudir su discurso, pero la escayola en su brazo se lo impidió".

"La lección estaba clara: ser una buena persona hará que los demás sean buenas personas. Tim me enseñó mucho más de lo que él pensaba y no podía defraudarlo. Han pasado algunos meses desde ese episodio y he tratado por todos los medios de seguir su ejemplo. Sin embargo, a veces reflota en mi corazón la desesperanza y la decepción por la humanidad. Por eso he venido con usted, doctor: quiero hablar en detalle de todo lo que he vivido para poder soltar esta pesada carga y convertirme en una persona como Tim, dispuesto a dar sin esperar, sabiendo que cada gesto de bondad hará de este mundo un lugar mejor".

La historia de Walter me dejó sin palabras. Mi consulta parecía cargada de una energía especial, como si se hubiese establecido una conexión invisible entre nosotros, un vínculo inquebrantable entre los seres humanos representados allí por dos hombres desconocidos y al mismo tiempo conmovidos por una historia de transformación que apenas comenzaba. "Walter, muchas gracias por compartir esta poderosa historia conmigo. Bienvenido, yo no soy la mejor persona sobre la Tierra, pero te juro que cada mañana me levanto con la consigna de intentarlo. Espero que tú lo intentes conmigo", le dije y nos dimos la mano. Para él, en buena parte, van dedicadas estás lecciones de crecimiento personal, pues en el fondo sé que él se convertirá en una persona vitamina. .

# 3 LA PERSONA QUE TE GUSTARÍA TENER CERCA

Alguna vez le preguntaron al escritor argentino Roberto Fontanarrosa qué deseaba para su hijo y respondió: "Que sus amigos se pongan felices de verlo venir". Esta es quizás una de las mejores definición de amistad que conozco. Es simple y engloba una sabiduría bárbara. Nos habla de la profundidad y simpleza de las relaciones humanas y nos deja una lección en la que me gustaría profundizar: ser una linda persona es ser la persona con la que te gustaría compartir tu tiempo. ¿Alguna vez has pensado en eso? ¿Por qué nos agrada compartir nuestros momentos de ocio con determinadas personas? ¿Es solo porque compartimos intereses afines como la literatura o las canciones de Queen? ¿Es porque fuimos juntos a la escuela cuando éramos niños y nos ata un nexo de pasado común que ha creado un lazo indeleble a pesar de que pensamos completamente distinto en casi todos los temas fundamentales de la vida? Y, sobre todo, la pregunta elemental: ¿podríamos ser nuestros propios amigos?

Hace algunos años comencé a preguntarme eso mismo: si yo entrara en un café y por casualidad me topara conmigo mismo y comenzase una conversación ¿me agradaría? La respuesta automática suele ser un sí nervioso. Años de educación culposa nos han impulsado hacia el pudor de la humildad y la negación del egocentrismo, generando un curioso efecto rebote en el que nos amamos sin amor.

Cuando me pidieron escribir este libro, tuve una serie de reflexiones sobre lo que yo creía que era ser una persona "vitamina" o una persona magnética. Miré por el retrovisor de mi vida en busca de todas aquellas personas a quienes yo consideraba una excelente compañía y a quienes yo deseaba tener a mi lado. En el camino encontré una serie de personas con personalidades muy diversas y dispares. Pasé un largo rato pensando en por qué, a pesar de ser tan diferentes entre sí, cada uno de ellos había logrado causar en mí una impresión tan agradable y duradera. Hice una lista mental de las cualidades de cada uno de ellos y al cabo de un rato concluí que guardaban ciertas similitudes que expondré a lo largo de este libro. Sin embargo, una de las cosas que más me sorprendió de mi recuento fue entender que todas las personas magnéticas de mi vida tenían la capacidad de ser únicas a su modo. Ninguno de ellos quería seguir un patrón y contaban con una seguridad de carácter que los hacía fuertes y admirables. En resumen, cada uno era puro y perseguía su esencia sin querer encajar en la masa. Fue entonces cuando me vino a la mente el concepto básico que trabajaré en este texto: sé tú mismo. Lo diré de nuevo, porque parece una enseñanza simple, pero es fundamental para ser libres: sé tú mismo. No trates de parecerte a nadie más y nunca dejes que la opinión ajena pueda moldear tu carácter. La esencia de las personas magnéticas es precisamente parecerse única y exclusivamente a ellos mismos, aun cuando todos compartan una serie de valores que reforzarán este magnetismo.

Cuando estaba en la escuela conocí a una chica particular. Su ropa parecía salida de una película de los años cuarentas y desafiaba la ya estrambótica moda de los años setenta. Se sentaba en su asiento y tomaba una libreta en la que se sumergía apenas el profesor comenzaba a hablar. Alguna vez perdí el hilo de la clase y quise mirar por sobre su hombro para retomar la lección. Lo que encontré en su cuaderno no tenía absolutamente nada que ver con lo que explicaba aquel profesor de biología. Se trataba de un texto literario que para entonces me pareció un cuento. Esta chica no tenía amigos en la escuela y cada tarde almorzaba sola en la cafetería acompañada siempre de un libro. Entre mis compañeros, la chica era considerada una "freak" y pocos se interesaban por su vida. Alguna vez quise romper este aislamiento y me acerqué a ella y su libro durante el almuerzo. La saludé y me respondió con una sonrisa dulce. "¿Has venido a burlarte de mí?", su pregunta parecía honesta, libre de odio. Le contesté que no, que solo tenía curiosidad por ella y su eterno libro. "Oh, no es eterno, hoy me acompaña Jane Austen", respondió risueña. "Te podrás imaginar que cada cierto tiempo cambio de libro, de lo contrario sería muy aburrido leer siempre la misma novela, ¿No crees?", me preguntó divertida y me invitó a sentarme a su lado. Me explicó que ella no sentía la necesidad de pertenecer al grupo y que nunca se sentía sola. "La literatura me acompaña siempre, es increíble lo que puedes vivir con un libro", me dijo y luego preguntó: "¿Tú también crees que soy una freak?". Asentí avergonzado, pues aquella dulce chica resultaba más simpática de lo que yo pensaba, pero no podía mentirle. Hasta ese día, yo pensaba igual que mis compañeros: "vaya bicho más raro que no quiere ir a la moda". "No tienes que avergonzarte, sinceramente no me importa lo que piensen de mí. Si no dejas que te importe lo que piensan los demás, eres libre y puro. La vida es demasiado grande para encerrarte en las paredes de los otros", dijo con una dulce sonrisa en el rostro. Decidí levantarme y dejarla con su libro, pero desde ese día conversamos ocasionalmente. Fuimos compañeros hasta graduarnos de la escuela y le perdí la pista. Unos años más tarde, su rostro me saludó sonriente en la fotografía de un diario. Acababa de publicar su segundo libro de relatos con muy buena crítica. Era precisamente la vida que ella se había imaginado desde que estábamos en la escuela y lo había logrado simplemente insistiendo en ella, en quién era y en sus valores.

Eso es precisamente lo que me gustaría invitarte a hacer. Insite en ti. En promedio, los seres humanos vivimos alrededor de ochenta años. Esto es poco tiempo en términos objetivos. Sobre todo porque alrededor de veinte de esos años los pasaremos en instituciones educativas y la mitad de todo nuestro tiempo de vida se irá en descanso. Tenemos poco tiempo para disfrutar del milagro de estar vivos ¿Quieres pasarlo tratando de ser una persona que no eres para complacer a los demás? Recuerda algo sencillo: si a las personas que te rodean no les gusta tu esencia, es hora de cambiar de entorno. No quiero defender tus defectos, solo pretendo alabar tus cualidades y defenderlas en detrimento de las críticas que éstas puedan recibir. Hace algunos años tuve una discusión con un amigo que se burlaba de mí por llegar siempre a tiempo a las reuniones. ¿Cuál es tu problema?, le dije. ¿te gustaría que estuviese tarde? En lugar de criticarme por mis virtudes, deberías revisar tu escala de valores. No critiques ni te burles nunca de alguien por hacer las cosas bien. Piensa esto con los ojos de un niño: si te burlas de un pequeño por ser él mismo, es probable que le crees un trauma y él se avergüence de sus cualidades positivas.

## RECETAS PARA SER TÚ MISMO

Resulta un tanto curioso establecer una serie de recetas y recomendaciones para que una persona conserve su esencia, ¿no bastaría con simplemente ser? Desafortunadamente, el contexto actual nos plantea una serie de imposiciones sociales absurdas en las que se nos invita a buscar ser distintos de quienes somos. Se ha instalado la idea de que debemos ser de una determinada forma, traicionando nuestros valores y principios. Esto, a la larga, termina mal pues solo la espontaneidad tiene la fuerza suficiente como para trascender. Para lograr conservar tu esencia te daré unos consejos.

### 1.- Aceptación

Tú eres como eres y debes aceptarte. Esto no quiere decir que abandones la obligación de mejorar cada día, pero no puedes jugar un papel como si se tratase de una obra de teatro. Si eres una persona introvertida, pretender lo contrario quedará en evidencia y será impostado. Ser un farsante o proyectar incomodidad resulta mucho más repulsivo que la naturalidad y calma de ser uno mismo.

### 2.- No has venido a complacer a nadie

Hay personas que viven su vida en función de los deseos de otros. Al cabo del tiempo, se dan cuenta de que han dejado de hacer lo que deseaban para complacer a los demás. Pero el tiempo no se recupera y la desazón de haber vivido la vida de otros los acompañará hasta el final de sus días. Complacer a los demás tiene un grado de satisfacción siempre y cuando no abandones tu esencia y hagas lo que tú quieres. Debes hacer lo que tú deseas con tu tiempo, de lo contrario solo llegarás al puerto de la tristeza.

### 3.-Naturalidad

La espontaneidad es la base de ser auténtico. Debes actuar como te lo dicte el corazón, cuidando de no imponerte o de maquillar la grosería como una absurda forma de honestidad. Actúa natural y no te pongas disfraces ni interpretes papeles, eres como eres, síguelo siendo.

#### 4.- No pienses en lo que piensan los demás

Una de las razones por las cuáles algunas personas tienen problemas para ser ellos mismos es que piensan constantemente en el "qué dirán". Pasa de esto. No puedes vivir tu vida condicionado por la visión de otros. Esto te hará esclavo. Recuerda las palabras del sabio Lao Tzu: "Preocúpate por lo que otras personas piensen, y siempre serás su prisionero".

#### 5.- Honestidad

Sé congruente con tus palabras y actos. Si dices una cosa, cúmplela, de lo contrario no la digas. Conocí a un tipo que tenía por afición lanzar frases absolutistas y juicios de valor por todo. Alguna vez lo escuché despotricar contra la infidelidad -algo muy cuestionable, claro está-, al cabo de unas semanas se supo que llevaba meses engañando a su mujer con una amante.

Sé honesto con palabras y actos, así tendrás la certeza de ser siempre tú.

#### 6.- Conócete

Un primer paso para ser tú mismo es, obviamente, saber quién eres. Hay una lista de valores y rasgos en tu personalidad acumulados desde tu más tierna infancia. Es importante que reflexiones sobre ellos y los valores que hoy rigen tu vida. ¿Estás viviendo según lo que crees? ¿Eres fiel a tus ideales? O quizás, para comenzar podrías hacerte la pregunta: ¿Cuáles son mis valores e ideales?

Después de identificar estas cosas y tener claros los parámetros que rigen tu vida, quiérelos y quiérete a ti mismo. Quiérete porque sólo quien es capaz de quererse a sí mismo podrá tener el aprecio de los demás. Todos somos diferentes, abraza esa diferencia y tus particularidades, son precisamente las cosas que hacen que seas especial. No las dejes de lado en pos de una personalidad fingida que en su intento por agradar a los demás se desagrada a sí misma.

Si te aprecias y estimas tus valores y cualidades, no tendrás problemas para confiar en ti. Este es un paso fundamental para acercarte a la persona que eres. Es normal tener dudas, de hecho, las  certezas son solo muestras de debilidad maquilladas. No vivas tu vida comparándote con los demás. Confía en ti y en quién eres. Si el entorno te resulta hostil, el problema no eres tú.

#### 7.- Aléjate del pesimismo

Es frecuente encontrar pensamientos negativos en el camino del autoconocimiento. Las personas tenemos la tendencia a pensar lo peor, esto es una herencia evolutiva, pues nuestro cerebro está diseñado para protegernos en momentos de peligro. Sin embargo, el entorno ha cambiado bastante y hoy en día son pocos los peligros que la naturaleza supone para nosotros. ¿Qué es lo peor que podría ocurrir? Si tienes miedo de ser objeto de burlas por ser tú mismo, quizás deberías pensar que es mucho más triste ser esclavo de los temores.

**8.- Los errores son lecciones**

Equivocarte es una oportunidad. Hay errores graves, pero afortunadamente son la minoría. Aprovéchalos para sacar algo en limpio. Aprende de ellos y de lo que no termina de cuadrarte. Es probable que hayas cometido un error porque seguiste un camino que no te representa a ti o a tus valores.

9.- Sigue tus instintos

No se trata de convertirse en un ser metafísico, tan solo de confiar en las cosas que sientes profundamente en tu interior. Es posible que tu entorno se oponga, pero tú debes seguir la voz de tu corazón. No te dejes llevar por la presión de los demás. Solo tú sabes lo que te hará feliz. Sigue ese camino.

# 4 CUESTIONA TUS CREENCIAS

Desde que somos pequeños, nuestro entorno nos está bombardeando con creencias de vida, con ideas de cómo deben ser las cosas y de qué forma debe pensar una persona. Si te pones a reflexionar, tanto lo que piensas a nivel político, como los gustos que tienes en un montón de aspectos, como por ejemplo si te gusta un deporte o no, casi siempre viene de tus experiencias de infancia y los gustos de tu familia. Desde nuestro nacimiento estamos expuestos a una serie de estímulos que han sido filtrados por nuestro entorno social que, por mucho tiempo, está limitado a nuestra familia. Se trata de un pacto social que se solidifica a lo largo del tiempo y que es muy duro de romper, pues implica un quiebre con tu círculo más íntimo. Un ejemplo tradicional de esto lo encontramos en los seguidores de un equipo de fútbol. Casi la totalidad de las veces, un niño se convierte en hincha de un equipo determinado porque su padre es un fanático del club y le ha inculcado el amor por la institución. Son muy pocas las personas que al crecer se detienen a pensar y dicen: "hey, no, en realidad el Barcelona F.C. no me representa y desde hoy seré hincha del Real Madrid".

Esto sucede con muchas de las creencias que llevamos dentro de nosotros, su origen está en nuestro entorno familiar y muchas de ellas nos han acompañado de una forma irreflexiva. Muy pocas veces cuestionamos lo que creemos porque simplemente consideramos que todas nuestras ideas y creencias son correctas simplemente porque coinciden con las de nuestra familia. Sé que al leer esto alguna persona puede pensar que sus ideas políticas son diametralmente opuestas a las de su padre, sin embargo, esa persona no está tomando en cuenta que probablemente su ideología política corresponda a otra familia, la de su entorno social creado a partir de la adolescencia. Con esto no quiero decir que estar o no de acuerdo con nuestra familia en todos los aspectos nos haga diferentes a ellos o nos convierta en un calco. Lo que trato de plantear es que nuestras creencias van acompañadas de un contexto social de donde surgen y al mismo tiempo las explica. Si un votante de izquierdas tiene un padre de derechas es muy probable que su ideología esté enmarcada en un grupo de amigos con el que coincide. Nos relacionamos con el mundo desde un contexto social que nos ha moldeado y muy pocas veces somos capaces de tomar distancia de éste y reflexionar sobre el origen de nuestras creencias. Vamos por la vida como si todas nuestras convicciones fueran parte de nuestra identidad inamovible y con frecuencia nos dejamos llevar por ideas ajenas que no hemos trabajado intelectual o emocionalmente. Se trata muchas veces de pensamientos recurrentes que no nos permiten disfrutar de manera plena de nuestras vidas.

Te invito a hacer un pequeño ejercicio: ¿Cuándo fue la última vez que cuestionaste el origen de las cosas que piensas? ¿Crees que puedes revisar tus creencias? Te voy a comentar una forma en que puedes comenzar.

1. Cada vez que quieras que alguien reaccione o se comporte como consideramos "adecuado", trata de pensar a quién le estás rindiendo tributo ¿Eso que pedimos es realmente indispensable para nuestro bienestar o responde a pensamientos automáticos? Te lo voy a ejemplificar de manera simple: quedas a comer con un amigo en un restaurante y durante la cena, él pone sus codos en la mesa. En tu interior una voz te dice: "qué maleducado". Sin embargo, ¿realmente es un gesto de mala educación? ¿Realmente te molesta o es la voz de tu abuela la que habla en tu cabeza? Piénsalo, hay miles de situaciones -la mayoría más profundas- en las que cuestionar el origen de tus sentimientos puede darte una mano.

2. Cuando tengas una discusión -ya sea con tu pareja o con tus amigos o familiares- trata de pensar si te estás aferrando a tu posición porque crees que es correcta o porque no aceptas que existan posturas diferentes a la tuya sobre un asunto determinado. Aceptar la diversidad de posiciones no implica necesariamente incorporarlas en tus creencias, solo nos ayuda a vivir con libertad. Después de todo, no podrás hacer gran cosa para cambiar a las personas a tu voluntad. Por otro lado, la pluralidad de visiones es lo que le da la sal a la vida. Piénsalo: sería muy aburrido si todos pensaran igual.

3. Si estás defendiendo apasionadamente un punto de vista, trata de hacer un ejercicio de desdoblamiento y cuestiónate un segundo si tu interlocutor puede sentirse amenazado o agredido por tu actitud. Si crees que puede ser así, tu énfasis o irritación al discutir puede estar relacionado con cosas ajenas a tu punto de vista. Por otro lado, recuerda que ofender nunca será una forma efectiva de convencer a alguien.

4. Cuando te encuentras en un grupo, puedes sentirte incómodo por la aparente homogeneidad de pensamiento del colectivo. Esto se debe a que asumimos que debemos pensar igual a los demás para sentirnos cómodos, sin embargo es importante entender que podemos compartir las actividades sin necesidad de pensar de la misma forma que los demás.

5. Los pensamientos no son una condena. Lo que piensas hoy puede cambiar mañana, no es necesario que te amarres a una idea solo porque alguna vez creíste en ella. Parte de la evolución intelectual implica cambiar de idea en el camino. Lo mismo puede suceder con las demás personas. Habla con otros para contrastar visiones, mantente abierto a escuchar y procesar lo que te digan.

6. No seas severo contigo mismo. Con frecuencia las personas se juzgan duramente por pensar de una determinada forma. No lo hagas. Sé tierno contigo mismo, las ideas que tienes pueden variar o estar equivocadas, no hay nada de malo en ello.

7. No tengas miedo a la libertad. Si te amarras a una idea, te conviertes en esclavo de ella. Es cierto que hay ideas superiores, como por ejemplo el respeto a la libertad o la tolerancia. Pero muchas de las ideas que tenemos nos pueden convertir en esclavos sin que valga la pena. Lleva tus ideas en el bolsillo de la ligereza. Sé consciente de que pueden cambiar y te sentirás más libre. No te encierres tú mismo en la cárcel de una supuesta "consecuencia" con un pensamiento en el que ya no crees.

## CREENCIAS LIMITANTES

Dentro del universo de cosas que creemos, existen algunas percepciones de la realidad que nos frenan en nuestro proceso de crecimiento en varios ámbitos de nuestra vida, ya sea el espiritual, el laboral, afectivo o incluso como personas. Me gusta ver este proceso como el de una cosechadora de trigo, esas enormes máquinas que van recorriendo los campos levantando todas las plantas, sin discriminar. Entre las bellas espigas de trigo se cuelan con frecuencia malas hierbas que es necesario desechar. Así es nuestro proceso de aprendizaje en el maravilloso viaje de vivir. Así como hemos escuchado que somos imparables y que no tenemos límites, puede ser que hayamos escuchado que somos negados a la hora de desarrollar una determinada tarea, sin que hayamos siquiera dedicado tiempo a practicarla. Y así, con esa idea falsa, nos convencemos de que no somos buenos en algo, consolidando una creencia limitante que fija un techo sobre nosotros y nos impide avanzar. No olvidemos que nuestra mente crea realidades. Es por eso que si comienzas a pensar en una situación catastrófica que no ha sucedido, tu cerebro se convencerá de que es real y te sentirás triste y angustiado. Entonces es necesario revisar y extender, como si se tratase de ropa sucia, nuestras creencias limitantes para analizar si están basadas en hechos o simplemente son producto de una serie de falacias sostenidas a lo largo del tiempo.

Me gustaría echar mano de un cliché para seguir: creer es poder. Esta frase abarca un universo entero de verdades, pero su uso frecuente ha hecho que pierda el sentido, como cuando repetimos hasta la saciedad una palabra y su sola pronunciación nos parece rara, como si se deshiciera en nuestra boca: pan, pan, pan, pan, pan, pan. Pero creer es poder. El primer paso de cualquier progreso está en tu mente y para poder darlo debes desvestirte de creencias limitantes.

El célebre pintor español Pablo Picasso dijo alguna vez que si puedes soñarlo, puedes crearlo. No hay nada más cierto: los triunfos comienzan con la convicción de que se pueden lograr. Entonces vamos a trabajar en todo lo que nos limita.

Te invito a hacer un ejercicio práctico. Toma un cuaderno o una hoja de papel y escribe en ella todas las cosas que crees que no eres capaz de hacer. No escatimes en temas, cuidando siempre de la pertinencia. Si dices que no eres capaz de volar, creo que deberías revisarte. Si dices que no eres capaz de jugar fútbol a un nivel profesional y tienes cierta edad, es posible que no estés entendiendo el sentido del ejercicio. Me refiero a las cosas que te han acompañado desde tu tierna infancia como una convicción: no soy capaz de bailar, no soy capaz de hablar en público, no soy capaz de pedir un aumento de sueldo, no soy capaz de utilizar un ordenador, esto de las matemáticas no es para mí.

Al lado de cada una de las cosas que has escrito, quiero que escribas una columna que se llame: ¿Por qué? y en ella trates de encontrar el fundamento que explique por qué has escrito esa actividad allí. Al lado de esto, una nueva columna que se llamará ¿Lo intenté? y respondas sí o no, según el caso.

Es probable que te des cuenta de que muchas de las cosas que están escritas allí te han resultado tan ajenas desde hace tantos años que no recuerdes siquiera el motivo por el cuál crees que no eres capaz de llevarlas a cabo con éxito. Es más, es posible que nunca hayas intentado hacerlas, pues desde muy niño creaste una personalidad que incorporó esas limitaciones como parte de su identidad. ¿Crees realmente que tu personalidad es algo inmóvil que no vale la pena revisar? Siguiendo con el ejercicio práctico, quiero que registres una nueva columna en la que escribas: ¿Me gustaría intentarlo? y respondas según el caso. Es posible que muchas de las cosas que crees que no puedes hacer te resulten sumamente atractivas pero no has tenido el valor de ir hacia ellas porque crees desde hace muchos años que están por fuera de tu rango. Esto es un error fundamental, pues no puedes saber si tienes capacidades para algo sin haberlo intentado. Es más, no puedes evaluar tus capacidades para algo sin haberte entrenado en esa materia. ¿Tú crees acaso que los grandes oradores nacieron con ese don? No, muchos de ellos han pasado largas horas practicando y entrenando la capacidad de dirigirse a un público para poder hacerlo sin titubear ni quedarse en blanco. Si es tu caso, te recomiendo que busques la película El discurso del Rey.


## ¿DE DÓNDE VIENEN ESTAS CREENCIAS LIMITANTES?

Es probable que el ejercicio práctico que te propuse te haya hecho pensar en el origen de tus creencias limitantes, pero aun así es bueno que analicemos el origen. La mayoría de estas falacias se han instalado en nosotros desde nuestra infancia y obedecen a situaciones puntuales y traumáticas. Algunas personas creen que no pueden hablar en público porque cuando eran niños la pasaron mal durante una presentación escolar, o piensan que no tienen muchas oportunidades con el baile porque en su infancia un familiar desubicado se burló de sus formas de mover el cuerpo. Las palabras que los niños escuchan pueden ser determinantes para el resto de sus vidas y el maltrato verbal que un infante reciba puede ser nefasto en el desarrollo de su personalidad. Esto no quiere decir que todos los niños que escuchan críticas se conviertan en seres con problemas, pero es mucho más probable que desarrollen traumas que una persona que ha crecido en un ambiente de amor, apoyo y aliento.

Se suele decir que nadie puede hacerte sentir inferior sin tu consentimiento. Esto es cierto en la mayoría de los casos, pero hay personas que se encuentran indefensas por haber crecido en ambientes hostiles, sin amor ni refuerzos positivos. Es deber de los padres alentar a sus hijos.

Es importante que sepamos diferenciar entre realidad y percepción. La realidad tiene una particularidad especial: tiene tantas versiones como seres humanos vivan. De esta forma, las personas solo tenemos nuestro punto de vista, una aproximación a la realidad basada en una larga lista de experiencias y aprendizajes acumulados a lo largo de los años. Esto no quiere decir que sea correcta o incorrecta, simplemente que es la nuestra y que debemos aceptar que no sabemos cómo piensan los demás y que, al mismo tiempo, nuestros pensamientos pueden divergir un poco de la realidad por el condicionamiento de la información y estímulos que hayamos recibido a lo largo de los años.

Curiosamente, nuestras creencias influyen en las experiencias que han fundamentado nuestra visión de la realidad y al mismo tiempo esa visión de la realidad moldea nuestras creencias, creando una especie de anillo de moebius, una cinta infinita de retroalimentación en la que cuesta introducir nueva información.

Es importante recordar que las creencias no son más que eso: creencias. Están allí porque creemos en ellas, pero bien podemos dejar de creer en ellas y hacerlas desaparecer. O podemos consolidarlas mediante el reforzamiento de ideas. Si pienso que no puedo, estoy perdido. Si pienso que puedo, bueno, lo intentaré, trabajaré, me entrenaré y cambiaré esa creencia por un hecho: sí puedo.

Como habrás aprendido en tu experiencia sobre la tierra, a las personas nos encanta tener la razón y buscaremos defender una creencia, justificando sus bases con hechos. Si creo que no puedo escribir un libro, no escribiré un libro y tendré la razón. Si justificas tus limitaciones, siempre tendrás alguna. ¿No crees que es hora de equivocarte en un buen sentido y romper las creencias negativas con una dosis de esfuerzo?

El papel del subconsciente en la formación de creencias es fundamental. Si fuimos niños que crecieron escuchando cosas como que las mujeres no deben hacer ciertos trabajos, es posible que seamos adultos con un grado de machismo elevado que nos puede costar erradicar, pues estos pensamientos se han arraigado en nuestro subconsciente y hacen parte de nuestra visión de la "realidad". Pero recuerda: lo que tú consideras "realidad" es sólo tu interpretación del mundo y puede estar equivocada. Más aún si se trata de asignar absurdos roles de género.

## ACABAR CON LAS CREENCIAS LIMITANTES

Estudios han determinado que por nuestra mente pasan alrededor de 60.000 pensamientos al día. La mayoría de ellos son de carácter negativo. Esto no es del todo malo: nuestro cerebro está diseñado para protegernos del peligro, por eso imagina escenarios negativos, tratando de mantenernos a salvo de las posibles amenazas. Sin embargo, el mundo que nos rodea ha cambiado de manera más veloz que la evolución de nuestro cerebro. Hoy en día la naturaleza no es una amenaza para nosotros ni hay grandes depredadores acechando para comernos. Entonces es importante que veamos esos pensamientos con distancia y analicemos su validez. ¿Es justificado tener miedo cuando las posibilidades de que algo malo suceda son mínimas? No, no es justificado ni sano.

Dentro de estos pensamientos catastróficos se instalan también las creencias negativas. Nuestro cerebro tiende a decirnos que no debemos arriesgarnos a hacer algo porque hacer es más peligroso que no hacer. Hacer implica riesgos que él no quiere que tomemos pues nos cuida de los peligros. Pero… ¡esos peligros ya no existen! ¿Qué es lo peor que puede pasar si me animo a bailar? ¿Hacer el ridículo? ¡Ja! Eso puede ser incluso divertido si sabes tomarlo con humor. Nuestros peores miedos están basados en situaciones disparatadas que no tienen nada que ver con la realidad. Sin embargo, seguimos abonando el campo del terror para "mantenernos a salvo".

Es importante que definamos los campos en los que suelen darse las creencias limitantes:

-La falta de fe, cuando creemos que es imposible alcanzar nuestro objetivo, tenemos tan seguro que será imposible que incluso llegamos a dudar de intentarlo.

-No somos capaces. El objetivo es alcanzable pero no para nosotros, nuestras capacidades están limitadas y no son suficientes para llegar hasta allá.

-No lo merezco. Muchas personas desisten de buscar el éxito porque creen que no tienen méritos para ello y creen que está reservado para otros con más méritos.

Como podrás deducir, todos estos son constructos mentales basados en falacias. Sin embargo, serás capaz de llegar hasta donde crees que eres capaz.

Ahora que somos conscientes de que se trata de construcciones mentales, debemos iniciar el proceso de desminado. Hay que desafiar las creencias limitantes constantemente, pues los progresos paulatinos serán el alimento para seguir desafiándolas hasta acabar con ellas. La evidencia de lo posible te demostrará que vale la pena sacar de raíz las ideas absurdas.

Podemos hacer un nuevo ejercicio práctico similar al anterior. Ahora tomaremos una hoja o un cuaderno y escribiremos qué hechos demuestran cada creencia. Por ejemplo, si creemos que no somos aptos para liderar un grupo ¿hay algo que lo demuestre? ¿Hemos intentado liderar equipos en el pasado? ¿Hay algún antecedente que demuestre lo contrario? Escríbelo y es probable que tu memoria te demuestre que crees equivocadamente en ideas limitantes. En la misma hoja me gustaría que escribieras una reflexión en la que analices de qué te sirve tener esta creencia. ¿Hay algún valor en seguir creyendo eso? ¿Te sirve de algo creer que no puedes hacer una cosa? Me gustaría que analizaras también el precio que pagas por mantener esa creencia contigo. Por ejemplo, hay personas que con veinticinco años creen que son muy viejas para estudiar una carrera universitaria. Pasan los años y al cabo de un abrir y cerrar de ojos se dan cuenta de que tienen treinta años, no han estudiado ni han hecho gran cosa. No eran viejos ni lo son entonces, pero han pagado un alto precio por dejar pasar el tiempo sin tomar una decisión. Piensa en el precio que pagas por tus creencias limitantes, ahí puedes encontrar la fuerza para erradicarlas.

En las reflexiones que estás teniendo sobre las creencias limitantes, me gustaría invitarte a que identifiques los supuestos beneficios que estas ideas te dan. Pueden ser en forma de consuelo o de placebo, pues muchas de las limitaciones que creemos tener están basadas en estos supuestos beneficios. Con frecuencia, la comodidad de no arriesgarnos basta como "beneficio" para seguir creyendo que no podemos llevar a cabo una determinada tarea. Piensa en todas las excusas que te das para aferrarte a esa idea y trata de analizar si realmente son tan buenas como crees. Muy a menudo creemos que el confort es más placentero que el riesgo, pues no implica la posibilidad de turbulencia. Pero una vida vivida de esa forma deja de ser vida. La monotonía de las excusas no te ayudará a avanzar a ninguna parte y a la larga, el sentimiento de frustración llegará y solo te quedará la dolorosa pregunta: ¿Y si lo hubiera intentando? Espero que no llegues allí cuando sea demasiado tarde.

Mi invitación es que vivas bajo un concepto: "desafío". Desafíate a tí mismo y a tus creencias limitantes. Cada vez que una de ellas asome la nariz por tus pensamientos, mírala a los ojos y dile que no es cierta. No es verdad que seas demasiado viejo, no es verdad que no puedas liderar un grupo, no es verdad que no te merezcas el éxito ni es cierto que no puedas alcanzar una meta. Solo será cierto si tú le permites existir. Piensa en estas creencias como un malvado amigo imaginario que solo estará allí si tú lo dejas. Recuerda lo inútil que es y que su aporte solo es negativo: prepárate mentalmete desde el inicio de tu día con ideas positivas que te motiven a lograr todo aquello que tus creencias te impiden.

Yo sé que esto no se logra de la noche a la mañana, por eso te hablo de un proceso diario, es un trabajo para el cual debes estar comprometido y ser consistente. De nada sirve creer hoy para abandonar mañana. En la medida en que insistas en la posibilidad de cambiar tus creencias, estas cambiarán, pero debes ser constante y prepararte para desafiar la identidad que creaste sobre pilares de arena.

Para cerrar este capítulo, me gustaría dejarte algunas frases de personajes célebres de la historia que te pueden ayudar a encontrar la motivación para desafiar tus creencias.

«Nadie puede hacerte sentir inferior sin tu consentimiento» —Eleanor Roosevelt

«No se trata de si van a derribarte, se trata de si vas a levantarte cuando lo hagan» —Vince Lombardi, entrenador de fútbol americano

«Qué maravilloso es que nadie tenga que esperar ni un segundo para empezar a mejorar el mundo» —Ana Frank

«El pesimista ve dificultades en cada oportunidad. El optimista ve oportunidades en cada dificultad» —Winston Churchill

«No dejes que tu pasado ocupe todo tu presente» —Will Rogers

«Lo que importa no es lo que te ocurre, sino cómo reaccionas a ello» —Epicteto

«A veces no conoces el valor de un momento hasta que se ha convertido en un recuerdo» —Dr. Seuss

«Muchos piensan en cambiar el mundo, pero casi nadie piensa en cambiarse a sí mismo» —Leon Tolstoi

«No es la muerte lo que debes temer, sino nunca empezar a vivir» —Marco Aurelio

«Podemos sufrir muchas derrotas pero no debemos ser derrotados» —Maya Angelou

«El momento en que quieres dejarlo es justo el momento en que tienes que seguir avanzando» —Anónimo

«Si estás trabajando en algo que te importa de verdad, nadie tiene que empujarte: tu visión te empuja» —Steve Jobs

«La creatividad es la inteligencia divirtiéndose» —Albert Einstein

«No tienes que ser grande para empezar. Pero tienes que empezar para poder ser grande» —Zig Ziglar

«No esperes. Nunca va a ser el momento adecuado» —Napoleon Hill

30

«Rodéate de personas que crean en tus sueños, animen tus ideas, apoyen tus ambiciones, y saquen lo mejor de ti» —Roy T. Bennet

«No importa lo que te diga la gente, las palabras y las ideas pueden cambiar el mundo» —Robin Williams

«Nunca eres demasiado viejo para marcarte otra meta o tener un nuevo sueño» —C.S. Lewis

# 5 NO CREES PROBLEMAS, RESUÉLVELOS

Hace unos años un colega me compartió una historia que se me quedó grabada en la memoria y que me gustaría reflotar hoy con ustedes. Mi amigo, psicólogo conductual con amplia experiencia en terapias, recibió a un hombre de mediana edad que quería tratarse con él. "Doctor, desde hace algunos años siento que me he convertido en un cangrejo. Solo camino hacia atrás y las cosas que hasta hace un tiempo me resultaban sencillas se han convertido en una montaña imposible de escalar", le dijo el hombre que se presentó como un ingeniero de Harvard con estudios de postgrado. Sin duda se trataba de un tipo muy estudiado y con una amplia preparación profesional y académica. Pese a esto, el hombre sentía que su vida se había convertido en un calvario pues a medida que pasaban los días, tomar decisiones se le hacía cada vez más complicado. Para el momento en que llegó a la consulta de mi colega, el tipo había perdido su empleo y estaba a punto de enfrentar un divorcio, pues su entorno había perdido la paciencia después de meses de tolerar una actitud indolente frente a decisiones simples. Aún así, al pobre hombre le resultaba imposible levantarse de su silla y actuar. Según mi colega, era como si de un momento a otro alguien hubiese desactivado en su cerebro el hipocampo, fundamental en la toma de decisiones. Después de conversar un rato, acordaron que el hombre lo visitaría dos veces a la semana y que iniciarían una terapia para tratar su mal. Sin embargo, mi colega quiso saber algo antes de que el hombre abandonara su consulta. "Hay algo que no entiendo. Si usted ha perdido esa capacidad, ¿cómo es que está aquí? Se necesita mucha fuerza de voluntad para acudir al psicólogo y usted, que me dice que ha perdido esta capacidad, aparece en mi despacho por su cuenta". El hombre se encogió de hombros y le respondió: "es que he tocado fondo. Era esto o saltar por la ventana".

El pobre hombre sufría de un desorden mental conocido como aboulomanía. Es probable que este nombre no te resulte familiar, pero es una patología más común de lo que algunos creen. Se trata básicamente de la incapacidad para tomar decisiones. Claro, muchas personas pueden considerarse indecisas o inseguras, pero esta enfermedad lleva las cosas a un campo obsesivo hasta el punto de bloquear a las personas, como era el caso del paciente de mi amigo.

Es una patología algo extrema, pero en la práctica nos sirve para abordar un tema fundamental en las personas con buena salud mental y emocional: la capacidad para resolver problemas y tomar decisiones prácticas. No cabe duda de que una persona vitamina sabe muy bien tomar decisiones -no siempre serán correctas, después de todo es un ser humano- y llevar a cabo las acciones que debe realizar. Entonces, es probable que te estés preguntando: ¿qué podemos hacer para ser personas resolutivas?

La personalidad resolutiva, como muchos rasgos en el carácter de una persona, se puede entrenar. Solo necesitas un compromiso férreo con tus metas y mentalizarte para poder enfocarte en lo importante. Con frecuencia perdemos tiempo quejándonos de nuestros problemas en lugar de resolverlos. Te tengo una noticia que probablemente ya conoces pero no quieres comprender: las quejas no te llevan a ningún lugar.

Vamos a ver: las quejas son un discurso interno con el que pretendemos aliviar nuestro dolor o malestar con la intención de poner el peso de un fracaso en otra persona o condición.

En principio, no está mal quejarse si hay una justificación o el reclamo tiene un rol funcional, pues nos puede ayudar a recibir atención y apoyo, como bien podemos ver en el caso de los bebés y sus formas de comunicación antes de aprender a hablar nuestra lengua. Sin embargo, existen también las quejas disfuncionales o quejas de plomo, como me gusta llamarlas, porque solo nos hunden en la miseria, cargándonos de energía negativa sin ayudarnos a encontrar soluciones. Solo producen desagrado y estrés entre nuestros cercanos.

Entonces, lo primero que debes hacer ante la perspectiva de la queja es cuestionarte si corresponde y si sirve de algo. Quejarte ante la autoridad ferroviaria porque un tren no llegó a la hora puede significar la devolución de un billete, pero quejarte con tu pareja porque llueve, es tan inutil que no lo pienso detallar.

### ¿Por qué nos quejamos?

Es una costumbre
Lo aprendimos
Porque somos pesimistas
Es un tema de conversación
Porque somos perfeccionistas
No somos empáticos
Seguimos la negatividad de los otros

En resumen, la mayoría de las veces nos quejamos sin sentido. Pues, ¿cambia el clima si me quejo? ¿Son mis lamentos una forma de retroceder el tiempo?

La queja constante, además de no resolver los problemas que la originan, supone entrar en el huracán de la negatividad, nublando nuestra visión de la vida desde un prisma oscuro y, evidentemente, negativo. ¡Qué pesado! Esto solo genera un mal ambiente a nuestro alrededor, en lugar de persona vitamina nos convertimos en la persona "contamina", que lo ensucia todo con su mala cara y con una actitud difícil de soportar. ¿Quién quiere tener cerca a alguien así? Ni tú ni nadie, nadie. Es lógico: ¿querrías ser amigo de Luis, el amargado? No lo creo. En el momento de elegir con quién tomar un café, estoy seguro de que preferirías a Miguel, el alegre.

Pero el problema más gordo de vivir bajo el alero de las quejas es que simplemente no resolvemos las situaciones que las generan. La queja no nos deja una lección ni nos invita a aprender nuevas formas de enfrentar un conflicto, es como la isla del consuelo y la decepción. ¡Qué aburrido vivir así!

Entonces te invito a que evalúes las situaciones cada vez que el fantasma de la queja asome la naríz. ¿Vale la pena? ¿Cambia algo? ¿Es suficiente el alivio momentáneo que me produce como para vivir en ella? Seguro que no, así que levántate y anda, Lázaro. Al dejar de quejarnos tendremos un mejor ánimo y eso, si no lo sabes te lo cuento, se traduce en un mejor estado de salud. Además, adoptaremos una actitud activa para resolver los problemas del día a día y tendremos una recepción mucho más amena en nuestro entorno. ¿Quién no quiere a un optimista? Pero, sobre todo, dejar de quejarnos implica hacernos responsables y esto es muy poderoso en la construcción de soluciones a los problemas y, en definitiva, en la modelación de una personalidad reactiva y sólida.

Debes identificar tus quejas y el motivo. No el motivo que las genera sino por qué te quejas. Fíjate en el tono en el que hablas, si lleva enfado o tristeza, puede ser que te estés quejando. También debes identificar los temas por los que te quejas, es probable que llegues a la conclusión de que suelen ser siempre los mismos.

### Vamos a resolver problemas

Ahora que sabemos que la queja es una pesada carga que nadie quiere llevar, vamos a actuar. Generalmente las quejas surgen por problemas del día a día y son un colchón en el cuál dormir creyendo que sirve para algo. Pero no es así y lo sabes, así que manos a la obra.

### 1.- ¿Cuál es el problema?
Para aprender a ser resolutivos debemos aprender a reconocer los problemas. Debes convertirte en un experto en analizar las situaciones. Porque así como puede ser un problema no tomar una decisión, lo puede ser también tomar una decisión apresurada.

### 2.- ¿Qué opciones tienes?
Los problemas no tienen una sola forma correcta de ser abordados. Frente a una situación que requiere de una decisión, analiza tus opciones. Mira fríamente los caminos que puedes seguir y a dónde te llevará cada uno. No pases horas en ello, pero tampoco te apresures. El tiempo y la práctica te darán maestría.

### 3.-Infórmate

Para tomar decisiones hay que tener información. No tomes un camino sin saber hacia dónde te llevará, trata de recopilar la mayor cantidad de información antes de tu veredicto.

### 4.- ¿Hay otros caminos?

Casi siempre tienes otras formas de llegar a un punto. Evalúa la pertinencia de tus opciones. Hace unos años conocí a una mujer tan metódica que hacía tablas comparativas con sus pretendientes. No es necesario que lo hagas, solo piensa en las alternativas.

### 5.- ¿Tienes la capacidad de hacerlo?

Es importante que conozcas tus capacidades y limitaciones a la hora de tomar una decisión. Si te encuentras desempleado y crees que una opción es dedicarte al fútbol profesional, dudo que sea un buen camino. La decisión que tomes a cada momento debe estar respaldada por una serie de herramientas que la hagan posible. Confía en tus capacidades y apóyate en ellas, pero no decidas cosas que estén al margen.

### 6.- Controla los impulsos

Ser reactivo no quiere decir que debes actuar de manera automática ante un estímulo o situación. Muchas veces la reactividad está fundamentada en la capacidad de analizar y tomar una decisión. Cada situación es diferente y está claro que si debes girar el volante de tu coche para evitar un accidente has de hacerlo en fracciones de segundo, pero no sucede lo mismo si debes decidir si es positivo renunciar a tu trabajo.

### 7.- Analiza los riesgos

La única forma de evitar los riesgos es esconderse en una cueva y no salir de allí. Estar vivos es un riesgo y tomar decisiones es precisamente eso, riesgoso. Antes de tomar una decisión, analiza qué puede salir bien y qué puede salir mal. Se trata de prever las posibles consecuencias de las decisiones que tomemos y hacer un equilibrio entre lo que podrías obtener con ese camino.

### 8.- Confía en ti

Es muy probable que la decisión que tengas que tomar haga parte de un marco general más grande que te resulta medianamente familiar. Confía en tu experiencia, recuerda los momentos del pasado que guardan alguna similitud con la situación que vives hoy, es probable que encuentres alguna enseñanza práctica en lo que sucedió tiempo atrás. En el caso de que no la encuentres, no dejes de confiar. La confianza es el primer paso.

### 9.- Limita la influencia de los otros

Está muy bien confiar en los demás y consultar su opinión si así lo deseas, pero lo que no puede suceder es dejarse doblegar por la presión social. Las decisiones que tomes bajo este influjo no serán tuyas pero sí deberás ser tú quien asuma las consecuencias.

### 10.- Actúa en línea con tus valores

Si quieres que tus decisiones te dejen contento y de alguna forma sientas que te representan, sin importar si las cosas salen bien o mal, es importante que cualquiera sea el camino que elijas, esté en línea con tus valores. Muchas personas creen que la forma correcta de lograr algo es traicionar sus valores, esto solo logrará arruinarles el corazón, aun si las cosas salen bien. Piensa por ejemplo en alguien ansioso por ganar dinero que comete un delito, si sus valores son contrarios a este hecho, el dinero no logrará aplacar el remordimiento.

### Bases de la reactividad

Tomar decisiones, hacer cosas, ponerse en marcha... son cuestiones que requieren de ciertas características personales que me gustaría profundizar acá contigo, después de todo estamos en un viaje para aproximarnos a ese tipo de personalidad.

### Creatividad:

Una de las características fundamentales de las personas con capacidad de resolver problemas es su disposición a inventar cosas cada día. Si no inventan algo nuevo, mejoran lo que ya existía aplicando una visión distinta, después de todo están allí para resolver. En otro aparte de este libro profundizaré sobre la creatividad, pero por ahora me gustaría resaltar su importancia a la hora de tomar decisiones.

### El optimismo

Alguien feliz es alguien listo para actuar. El optimismo es una actitud frente a la vida. Si partes el día desde una buena disposición, es muy probable que encuentres la forma de resolver los problemas, pues la actitud puede definir tu norte. Un optimista no se rinde ni se estresa si se enfrenta a un problema, se trata de un desafío más y al final de cuentas, estas personas son coleccionistas de desafíos vencidos. Si las cosas no salen como esperaban, los optimistas lo verán como una lección.

### No se rinden

Un proyecto nuevo o una decisión sin antecedentes supone coraje. Es por eso que las personas resolutivas suelen ser tenaces. No se dan por vencidos y se levantan después de cada traspié.

### Mantienen la calma

Para tener la mente clara y poder tomar decisiones correctas, o incluso, tan solo tomar decisiones, es importante mantener la calma, así te encuentres en un momento de mucha presión. Quién pierde la calma se verá abrumado por la situación y probablemente se quede bloqueado.

### Espacio para la crítica

Una persona reactiva está abierta a la crítica constructiva, pues sabe que esta es una forma de aprender y con la visión de otros, sumada a la propia, puede lograr una combinación que de un buen resultado. Sin duda, el talante de la crítica que acepta un reactivo ha de ser pertinente. Nadie puede aceptar críticas injustificadas o destinadas a destruir.

### Caerse y levantarse

No importa cuántos tropiezos sufras, lo importante es cuántas veces estás dispuesto a levantarte. De eso se trata ser resolutivo, de tener la capacidad de intentarlo una y otra vez.

### Toman la iniciativa

Las personas resolutivas no nacieron para convertirse en un coro de mirones que respaldan las decisiones de un líder. Se trata precisamente de personas con iniciativa, especialmente en los momentos complicados. Es por esto que más allá de solucionar los problemas, se convierten en líderes de sus grupos sociales, pues no esperan que nadie les diga las cosas, actúan por cuenta propia.

# 6 EL PERDÓN Y EL OLVIDO

Tras la caída de las dictaduras latinoamericanas, muchos colectivos de víctimas acuñaron la consigna "Ni perdón ni olvido". La frase tenía mucho sentido para todos aquellos que consideraban imposible la idea de un borrón y cuenta nueva con quienes hasta hace poco tiempo aplicaron las más cruentas torturas a sus familiares por tener distintas visiones políticas. Tras la llegada de la democracia en Chile, el presidente Patricio Aylwin del partido Democracia Cristiana, abrió una polémica al decir en su discurso inaugural que la sociedad chilena debía iniciar un proceso de unidad entre civiles y militares, pues todos eran parte de una unidad nacional. En medio de un abucheo al nombrar a los militares, Aylwin insistió: "sí, compatriotas, Chile es uno solo", convirtiendo los gritos en aplausos. Su presidencia pasó a la historia como el comienzo de un complejo proceso de reconciliación a pesar de las voces que insistían en que no se debía perdonar ni olvidar.

No caben dudas de que perdonar no es fácil. En nuestro interior resuena una voz que nos dice que es imposible dejar pasar el daño que hemos sufrido. La sensación de injusticia nos impulsa a mantenernos en la idea de que no es posible el perdón sin una reparación justa. Esto no es del todo correcto ni mucho menos bueno para nuestro espíritu. O alma. O conciencia. Una antigua frase griega define al rencor con mucha precisión: "El odio es como tomar un vaso de veneno esperando que la otra persona muera". Si crees que guardando ese resentimiento contra una persona podrás cambiar las cosas, estás muy equivocado. El único que sufrirá eres tú y ese caldo de odio te cocinará en muchos planos, afectando tu vida de muchas formas, incluyendo tú salud. Estudios recientes han demostrado que el odio genera un estado de excitación que puede producir tensión muscular, malestar gastrointestinal, hipertensión y sentimientos de sobrecarga que afectarán a tu cuerpo.

No podemos olvidar que las emociones están conectadas con nuestro cuerpo. Cuando sentimos ira, liberamos hormonas y sustancias como la adrenalina, el cortisol o la prolactina; mientras más tiempo se secretan en el organismo, más daño sufre el sistema inmunológico y el cuerpo es más susceptible, según explicó en un artículo de divulgación científica Robert Ader, investigador de la Facultad de Medicina y Odontología de Rochester.

Pero la cosa no termina ahí. Una investigación del Laboratorio de Neurobiología del University College de Londres reveló que cuando se siente odio se activa la zona central del cerebro, conocida como putamen y la ínsula, ubicada en la superficie lateral. Curiosamente, se trata de las mismas áreas que se activan cuando se siente amor romántico. Es lógico que estás partes se estimulen porque son pasiones que pueden llevar a cometer actos irracionales y agresivos. Esto explica que la sensación de odio eleve tu presión sanguínea y acelere tu ritmo cardiaco, por lo que te hace susceptible a sufrir enfermedades del corazón. La doctora Irina Matveikova, especialista en endocrinología y nutrición clínica, asegura que las emociones terminan teniendo un efecto en el estómago. La tensión provoca un nudo o vacío ante la frustración que se somatiza o refleja en una enfermedad, hasta el grado de desarrollar una úlcera de estómago.

Martin Luther King, el líder del movimiento de derechos civiles de los afroamericanos en Estados Unidos, dijo alguna vez que "el que es incapaz de perdonar, es incapaz de amar". Él, que había sufrido en carne propia las injusticias de un sistema de segregación racial, invitaba a su comunidad a practicar el perdón como una forma de crecimiento personal. Porque el perdón es una forma de libertad. Así como el amor, el odio nos puede atar a una persona, pero lo hará por razones oscuras y negativas y nunca podremos ser plenos si acumulamos odio en nuestro interior. El perdón implica mirar hacia el futuro, dejando atrás el pasado porque, sin ninguna duda, es algo que no podemos cambiar.

Muchas personas creen de manera equivocada que el acto de perdón es un acto de bondad hacia una persona que no actuó de manera correcta con nosotros. Esto no es del todo cierto: sí, se trata de un acto de bondad, pero con nosotros mismos. El perdón nos permite avanzar y ser mejores personas en la medida en que nos libera del odio y el rencor. Pero como todas las cosas que nos construyen, implica esfuerzo y dedicación.

Hay personas que se oponen al perdón porque consideran que perdonar los puede exponer a ser víctimas de las mismas ofensas que perdonaron, o porque consideran que la compasión y el perdón pueden fortalecer al agresor, incentivándolo a repetir su mala conducta por salir impune. Sin embargo, perdonar es un acto de autocuidado, es un regalo que cada uno de nosotros debe hacerse porque nos ayudará a ser mejores personas y, en última instancia, a ser felices.

Claro, el perdón no quiere decir que somos masoquistas y que aceptamos con un designio divino la maldad ajena sobre nosotros. Tampoco es un sinónimo de impunidad respecto a las consecuencias de los malos actos, si una persona actúo de forma injusta, deberá asumir las consecuencias. Perdonar quiere decir liberarnos de la pesada carga del odio y avanzar por la vida abiertos a nuevas experiencias sin el temor de ser víctimas. Uno de los maestros del perdón fue el Premio Nobel de la paz Nelson Mandela. En una entrevista, alguien le preguntó cómo había logrado perdonar la injusticia que sufrió con su encarcelamiento y él dijo: "cuando atravesé la puerta me di cuenta de que si continuaba odiando seguiría en la cárcel".

### ¿Se puede aprender a perdonar?

Muchas personas se preguntarán si podemos aprender a perdonar o si la forma de llevar nuestras emociones es algo que está preestablecido en nuestro subconsciente como una marca indeleble de nuestra personalidad. Lo primero que debemos saber es que somos seres sociales en constante construcción y que una de las cosas que la mayoría de las sociedades herederas de la tradición occidental nos enseñan es que el perdón es un atributo divino, digno de nuestros dioses. Dentro de la estructura católica, es el sacerdote el que entrega el perdón, como intermediario de Dios en la tierra, pues en última instancia es Dios quien debe perdonar nuestros pecados. Más allá de la creencia religiosa que uno tenga, permíteme cuestionar esta idea desde una crítica constructiva: si Dios creó al hombre a su imagen y semejanza, entonces aquel perdón divino también está dentro de nosotros. Si tú eres una persona que no comulga con la religión católica, esto también se aplica a ti: la capacidad de perdonar es también una de nuestras más elevadas muestras de racionalidad, pues coincidirás conmigo en que no sirve de nada llevar un peso sobre situaciones pasadas que no puedes modificar. A la metáfora del veneno que mencioné atrás me gustaría sumar una que se atribuye a Siddhattha Gautama, el Buda y que define el rencor como una brasa que sostienes en tu mano para arrojar a otro, mientras eres tú el que se quema.

Para iniciar el complejo proceso de aprender a perdonar, me gustaría recomendarte algunos pasos:

**Comprender el daño que nos hace el rencor**

Una vez que somos víctimas de una injusticia o afrenta, pensamos en el daño que nos ha causado otra persona o una circunstancia determinada que se sale completamente de nuestro control. Es un paso lógico de la racionalización que hace nuestro cerebro para tratar de aprender de la situación y sacar lecciones que, en la medida de lo posible, le ayuden a evitar ponernos en situaciones similares. Todo bien hasta ahí. El daño vino de afuera y es normal tener reflexiones sobre esto. Sin embargo, me gustaría invitarte a tener reflexiones sobre el daño que te ocasionas a ti mismo cuando no eres capaz de perdonar y de superar una ofensa. Si dejamos que el resentimiento y la rabia se apoderen de nuestros sentimientos, estos solo crecerán sin control y perjudicarán duramente nuestras relaciones sociales. Una simple pregunta podría ayudarte a mirar las cosas con perspectiva ¿Conoces a alguna persona que puedas definir como un amargado? Si respondes afirmativamente, estarás pensando en qué opinas de esa persona y en si puedes sentirte cómodo a su alrededor. Estoy seguro de que piensas que más allá del profundo cariño que le puedas tener, su compañía no es agradable y desde la distancia pareciera una persona que sufre y cuya vida no es feliz. Precisamente en este concepto radica la reflexión que quiero invitarte a tener respecto a tus odios y rencores: son un complot contra la felicidad. Con frecuencia, solemos creer que la felicidad es una meta que debemos alcanzar y que está bloqueda por una serie de factores externos a nosotros. No es así, pero ya profundizaremos en ello más adelante.

Es importante que tengamos siempre presente que todas las personas hemos sufrido golpes emocionales y que es casi imposible no sufrirlos, estamos vivos. Pero si nos dejamos hundir en el pozo de la miseria y nos convertimos en esclavos de esos sentimientos negativos, solo nos causaremos más daño. Nuestro cerebro no reconoce la diferencia de las sensaciones reales de las imaginarias. A ver, es un poco más complejo que esto, pero ya habrás notado que si comienzas a pensar en la posibilidad de ser asaltado, sufrirás un miedo real. Y ese miedo hace que tu cuerpo entre en tensión y sufra de la misma forma en que lo harías si realmente fueses asaltado. Lo mismo sucede con el odio y el rencor: sentimientos del pasado se cuelan en nuestro cuerpo para provocarnos males físicos.

### Solo tú eres dueño de tus sentimientos

Es posible que no seamos los responsables de una situación negativa que hayamos tenido que vivir. No podemos controlarlo todo y el mero hecho de intentar controlar siquiera una parte es absurdo. Ya que no somos dueños de la situación, vamos a hacernos cargo de cómo nos sentimos al respecto. Inicialmente, el odio actúa como un mecanismo de defensa. Nuestro cerebro cree que si generamos odio por una persona es imposible que ésta vuelva a dañarnos de la manera en que lo hizo. Eso no es del todo cierto y ese odio no impedirá que otra persona diferente nos dañe de la misma manera, por lo que no es efectivo en sus fines. Si somos conscientes de que tenemos el poder de modificar esos sentimientos, podremos usarlos para que una experiencia negativa se convierta en aprendizaje y, a la larga, su control nos ayudará a convertirnos en la famosa persona vitamina de nuestro entorno.

Te propongo un ejercicio simple. La próxima vez que te sientas ofendido por una situación. Trata de no reaccionar en caliente. Analiza tus sentimientos, Míralos pasar delante de tus ojos como si se tratase de una bandada de aves migratorias. Piensa si la situación amerita que todas aquellas aves vuelen frente a ti. Es posible que te des cuenta de que no vale la pena sentir cosas tan grandes como el odio por una situación así. También puedes pensarlo con una situación del pasado a la que aún le das vueltas. Para ejemplificar, te contaré un breve episodio que tuve con un jefe al comienzo de mi vida laboral. El tipo era un jefe dictatorial en todas sus formas y pretendía controlar a quiénes hacíamos parte de su equipo aún por fuera del trabajo. Yo mostré mi oposición a sus preguntas y arrebatos y él decidió despedirme a gritos frente a todos mis colegas. Me sentí humillado y víctima de una terrible injusticia. La situación me atormentó durante meses: pensaba en el episodio con resentimiento y rabia, reviviendo sus palabras y sus gestos, en resumen, cada día revivía lo sucedido hasta que una tarde sentí un extraño dolor abdominal que me llevó directo al hospital. Después de una revisión exhaustiva, el doctor me preguntó por qué me había provocado ese dolor. No entendí su pregunta y me dijo: "Sí, usted se ha provocado una úlcera en el estómago, hay algo en su vida que lo atormenta y usted vive amargado, lo que le ha generado una laceración en las paredes del estómago". Yo sabía que se trataba de mi despido, por esos días todo se trataba de mi despido y aquella visita médica fue el campanazo de advertencia que me hizo ver las cosas con claridad: si no controlaba mis pensamientos y mis sentimientos, estos me llevarían por un camino de amargura y dolor. Conversé el asunto con un colega de la facultad de psicología que había sido mi terapeuta durante unos ejercicios universitarios. Sus palabras me ayudaron a reflexionar sobre el desconocido poder de todos los humanos para controlar sus sentimientos y enfocar su vida.

### ¿Realmente estoy dispuesto a perdonar?

Un paso fundamental en el proceso de perdonar es estar dispuestos a ello. A estas alturas, sabrás muy bien que si no estás dispuesto a hacer una cosa, no puedes forzarte a ella. En la psicología conductual hemos analizado este fenómeno y suele ser una de las primeras cosas que se le dice a un adicto al alcohol. Si tú no estás dispuesto a dejarlo, nadie podrá forzarte. Eres el dueño de tus conductas y sentimientos, si no las dominas o llevas hacia donde crees que deben ir, te dominarán de una forma autodestructiva. El perdón es un proceso que viene desde lo que la metafísica suele llamar "el corazón". Las palabras pueden hacernos creer que estamos haciendo algo solo por nombrarlo. Pueden ser un buen primer paso, pero el verdadero perdón implica una vocación de paz y liberación de aquellos sentimientos.

Hace algunos años llegó a mi consulta un hombre con serios problemas de motivación para vivir su vida. Estaba estancado en un empleo mediocre y la mayor parte de los aspectos de su vida no eran lo que él decía querer. A medida que conversamos salieron a flote varias de sus frustraciones: tenía un jefe que no valoraba su trabajo y su esposa lo había abandonado, dejándolo al cuidado de un hijo adolescente con problemas escolares. En sus palabras quedaba claro que él creía ser una víctima: de su jefe, de su esposa y de la sociedad. A medida que nuestra terapia avanzó, me di cuenta de que el hombre había adoptado aquel rol de víctima como una justificación para sus fracasos. Ya que el mundo había sido malo, él tenía el "derecho" a fracasar sin que se le reclamase su negligencia para consigo mismo. El odio a quienes lo habían ofendido era la excusa perfecta para no hacerse cargo de su vida. Al cabo de unas pocas sesiones me dijo que no pensaba seguir adelante con la terapia: "No estoy dispuesto a perdonar a nadie por lo que me han hecho, usted cree que yo soy el culpable de mis desgracias, sin tomar en cuenta que yo soy un víctima de las circunstancias", me dijo. "Creo que eres dueño de tus circunstancias y te sientes cómodo en el papel de víctima. Después de todo es bastante fácil quedarte en el suelo y culpar a los demás", le repliqué. Me miró con sorpresa y desprecio. Yo había dado en el blanco y él lo sabía, pero no estaba dispuesto a dar el primer paso para tomar las riendas de su vida, por lo que se levantó y salió molesto de mi despacho. Probablemente ahora hago parte de la larga lista de las personas que lo han convertido en "víctima".

### Exprésate

Perdonar no quiere decir que tus sentimientos van debajo de la alfombra. Al contrario, el proceso hacia el perdón y olvido de las ofensas debe ser todo lo contrario: se trata de un camino en el que debes expresar tus sentimientos y no ocultarlos, solo así podrás sentir que lo que sucedió te hizo reflexionar y crecer como persona. Es necesario que aclares tus ideas, que las escribas o las hables con alguien de tu círculo de confianza. Expulsar todo lo que sentimos nos hará sentir más livianos y nos ayudará a soltar la carga del odio. Ante esta recomendación surge un dilema: ¿debo expresarme con la persona que me hizo daño? No necesariamente. Primero debes expresarte contigo mismo para conocer tus sentimientos y después podrás decidir si vale o no la pena confrontar a tú agresor. Muchas veces verás que no es necesario y que una vez que aclaraste tus ideas y las comentaste con algún ser querido, enfrentar a la persona no es necesario. Sin embargo, en ocasiones será terapéutico poder comunicar a una persona el daño que nos hizo y cómo nos hizo sentir. El peligro de esto es caer en una espiral de conflicto o encontrarnos con respuestas que solo aumentan el dolor. Recuerda que el proceso del perdón es principalmente un acto de amor hacia ti, un gesto de liberación que hará de ti una mejor persona.

Un ejercicio que solemos proponer en nuestras terapias ha sido usado por la humanidad desde hace milenios: escribe una carta a la persona que te ha ofendido. Trata de ser lo más honesto posible, no te reserves nada, sé claro y abierto, explícale cómo te sientes y por qué te sientes así. No tengas miedo a ser impulsivo o a sobrepasarte mientras logres expresar con detalle cómo te sientes. No es necesario que envíes la carta, te aseguro que el proceso de la escritura habrá sido tan gratificante y liberador, que no será necesario confrontar a tu agresor. Recuerda que el rencor y el odio crean un vínculo personal. Paradójicamente, cuando una persona odia a otra, piensa mucho más en ella que si le fuese indiferente, creando esa vinculación tóxica.

### El espejo

Aprender a perdonar puede ser un poco más sencillo si aprendemos a conocernos, si aceptamos quiénes somos y cómo somos. Aunque ninguno de los seres humanos es igual a otro, pertenecemos a la misma especie y tenemos los mismos rasgos genéticos hereditarios, por lo que nuestras conductas se pueden repetir. En esto se basan las ciencias sociales: los patrones y repeticiones en nuestro comportamiento como señal de que venimos de un origen común que a lo largo de cientos de miles de años de evolución forjó un carácter.

Es por esto que el espejo es una herramienta importante a la hora de aprender a perdonar. Un poco de empatía puede ayudar a comprender las razones de una persona para actuar de una determinada forma y así darnos cuenta de que, probablemente, nosotros podríamos haber actuado de la misma manera si estuviésemos en su lugar.

El rencor y el sufrimiento suelen complotar contra nuestra capacidad de ver las cosas con claridad. Son sentimientos venenosos que obnubilan nuestra razón. Alimentados por la tristeza, el rechazo, la humillación y la decepción, el rencor y el sufrimiento hacen que olvidemos que, como la persona que nos hizo daño, nosotros también somos seres humanos con la capacidad de generar ese mismo dolor en otros. Aceptar nuestra maldad potencial es un acto de justicia que nos convierte en mejores personas. Nadie está exento de pecado y aceptarlo nos humaniza.

Ponerte en el lugar de la persona que te hizo daño te va a ayudar a cambiar de perspectiva el hecho. No solo porque verás sus razones, sino porque te darás cuenta de que tú pudiste haber hecho lo mismo. Estamos acostumbrados a juzgar y nos perdemos el contexto, ver que nosotros también podemos tener comportamientos negativos en una situación determinada nos ayudará a quitarle peso a nuestro rencor.

No se trata de justificar a tu agresor. Hay comportamientos que nunca podrían validarse sin importar el contexto, se trata de entender que nuestras acciones son solo una parte de nosotros y desafortunadamente te tocó encontrarte con una acción negativa de una persona. Nada más.

### Suelta

Retomemos la idea del Buda: el odio es una brasa ardiente que tienes en la mano para lanzar a alguien. Mientras tanto te quema. El odio solo lastima a quienes lo sienten. Muchas veces el objeto de ese desprecio lo desconoce y vive su vida tranquilamente porque, después de todo, ha olvidado su ofensa. Soltar es un paso fundamental en el perdón. ¿Sirve de algo recordar todos los días que hace diez años fuiste despedido del trabajo? No, salvo que quieras hacer un viejo chiste que dice: "hace trece años y dos meses me dijeron rencoroso". Está bien, no hace mucha gracia y menos gracia hace cuando te das cuenta de que el desgaste está de tu lado. Para tristeza de muchas personas, el pasado no existe. Es un tiempo que no podemos transformar y que si insistimos en estancarnos en él, nos transformará a nosotros, cerrándonos las puertas del futuro.

¿Cómo aprender a soltar? Es importante jugar a mirar la vida desde afuera de nosotros. Cada vez que un pensamiento rencoroso entre en tu cabeza, trata de identificar por qué llegó allí y si sirve de algo que lo sientas. A medida que pasa el tiempo tendrás mejor dominio de tus ideas y sentimientos y podrás evitar que las fantasías negativas -esas en las que revives una discusión o creas una serie de respuestas imaginarias para un conflicto pasado- dejarán de quitarte valioso tiempo de vida.

### Generosidad y humildad

Aprender a perdonar requiere un trabajo que te hará grande en otros ámbitos de tu vida. Se trata de la generosidad. No esperes que el perdón te ofrezca cosas a cambio más allá de ese crecimiento personal. Esto ya es una gran ganancia. La generosidad te convertirá en una persona vitamina que tendrá una serie de recompensas emocionales que nada puede comprar. Pero hazlo sin esperar que la persona a la que perdonaste te recompense de alguna manera. Porque perdonar también requiere echar mano de la humildad. Perdonar no te da superioridad moral frente a la persona que te hizo daño. Es más, si lo que buscas es demostrarle a tu agresor que eres mejor que él, estás equivocando el camino. Si perdonaste es porque consideras que no vale la pena quedarse con ese error, es porque crees que puedes seguir adelante y lo que aprendiste de la experiencia te hará crecer.

### Control de daños

Dentro de las grandes organizaciones, cuando sucede un problema se establecen una serie de protocolos para identificar su causa y resolver sus consecuencias, a este proceso suele llamársele control de daños. Se trata de identificar con exactitud qué fue lo que pasó, por qué pasó y qué consecuencias tendrá. Me parece que los seres humanos deberíamos practicar este proceso hasta el punto de incorporarlo en nuestras vidas.

Como todo esto se entiende mejor sin abstracciones, voy a dar un ejemplo que me ayude a explicarlo. Si tomamos el caso de una persona que sufre una infidelidad de su pareja, la situación podrá ponerlo bajo una presión límite. Los sentimientos de decepción, humillación, engaño y desprecio podrían apoderarse de él o ella, llevando su autoestima al suelo súbitamente. La situación es grave, no podemos negarlo, pero si hacemos un control de daños, podemos ver las cosas con un poco más de frialdad: la persona con la que había estado saliendo por seis meses se ha fijado en otra persona. Esto puede sucederle a cualquiera y el engaño no resultó de un complot para hacerle sufrir, sino como parte de una conducta egoísta y hedonista de quien hasta entonces fue su pareja. Si vamos más en profundidad, este control de daños podría hacernos ver que lo que ha sucedido sirve también como oportunidad para poner fin a una relación con una persona que, dados los hechos, no le apreciaba por completo y a pesar de todos los sentimientos negativos, nada de lo que le hizo deseable se ha acabado. Por lo tanto, el rencor hacia esa persona infiel solo podría ser una pérdida de tiempo. El daño que le ha causado es fuerte pero puede ser breve. De manera que al verlo desde una distancia nueva, la persona engañada ve que los daños han sido limitados y opta por el perdón como una forma sana de seguir adelante.

Quizás te preguntes cómo perdonar una traición o cómo perdonar una infidelidad. Hemos visto que hay actitudes que pueden acercarnos a perdonar de corazón y ahora nos gustaría aportar un conjunto de consejos sobre cómo perdonar a una persona en concreto, por ejemplo, cómo aprender a perdonar a tu pareja, cómo perdonar a una amiga, cómo perdonar a una madre o cómo perdonar a alguien que te ha hecho daño.

## Memento Mori

Memento mori, traducido al español como "Recuerda que morirás", es una frase latina mítica que se empleaba para recordar nuestra condición de mortales y la fugacidad de la vida. Según algunos historiadores, la frase se originó en la Antigua Roma. Se cuenta que cuando un general desfilaba victorioso por las calles de Roma, detrás suyo un siervo se encargaba de recordarle las limitaciones de la naturaleza humana, para evitar que se convirtiera en soberbio y se creyera omnipotente. Según los textos de Tertulano, la frase que se gritaba era: "¡Respice post te! ¡Hominem te esse memento!" que en castellano dice "¡Mira tras de ti! ¡Recuerda que eres un hombre!".

Con frecuencia olvidamos nuestra condición de mortales y desperdiciamos el tiempo en elucubraciones absurdas, en odios añejos, en sinsentidos del pasado que no podremos cambiar. Recuerda que perteneces a la especie humana, que gracias a los desarrollos de la medicina moderna vive un promedio de 80 años y eso es muy poco tiempo como para llevar odio en tu corazón. Si incorporas en tus pensamientos la fugacidad de la vida, aprenderás no solo a perdonar sino también a aprovechar cada instante porque en términos cósmicos, tú ya no existes y estar vivo es el producto de miles de millones de coincidencias que algunos llaman milagro. Disfrútalo sin odio.


## Perdónate también a ti

Cuando iba a la facultad de psicología, todo aquello del autoperdón y la sanación me parecía un cuento absurdo propio de ambientes que huelen a incienso. Si es tu caso, déjame que te cuente un poco más. Durante una conversación con uno de mis colegas que trabaja en el campo conductual, me quejé de mis dificultades para socializar con desconocidos. Yo sentía que romper el hielo con alguien al que no había sido presentado formalmente me suponía un enorme desgaste en muchos ámbitos y las pocas veces que lo intenté resultó desastroso. El asunto comenzaba a asustarme pues yo bordeaba los treinta años y no había logrado establecer una relación sentimental seria con personas que parecían ser de mi agrado pero que al mismo tiempo me resultaban inalcanzables por ser desconocidas, así nos encontrásemos en la misma fiesta.

Mi colega me miró con detención y dijo:

—Bien Bill, quiero hacerte una pregunta ¿Qué ha pasado en tu vida recientemente que vengas a buscar ayuda para esto hoy y no antes?

Su pregunta me dejó sin palabras. El tipo tenía razón. ¿Por qué había esperado tantos años para buscar ayuda? ¿Había empeorado mi problema como para convertirse en algo urgente? No sabría a ciencia cierta qué me llevó a consultarle el asunto, pero en nuestra conversación dije algunas cosas que para él fueron la señal clara de lo que estaba pasando.

Me dijo:

—Bill, no te lo tomes a mal, pero por la forma en que hablas de ti mismo parece que tienes un problema contigo. Creo que debes explorar el perdón hacia ti. Perdónate tus errores y defectos, aprende a amarte de una forma pura.

Decidimos que lo visitaría una vez por semana y conversaríamos el asunto. Además, me invitó a explorar por mi lado la mayor cantidad posible de aspectos del autoperdón que pudiese. La literatura sobre este tema abunda, pero yo quería buscar una fuente un tanto más científica que la mayoría de panfletos new age que se encontraban en el mercado.

Me topé con un interesante trabajo de Frank D. Fincham y Julie Hall llamado "Self-Forgiveness: the Stepchild of Forgiveness Research". Algo así como "El Autoperdón, el primer paso en la investigación sobre el perdón". El trabajo aborda algunos temas que he profundizado a lo largo de mi vida y que hoy me gustaría compartir.

La capacidad de perdonarse a uno mismo es la base de una estabilidad emocional y la llave hacia la paz interior. Después de todo, tendrás que pasar toda tu vida contigo, deja de sentirte culpable por errores del pasado y date un abrazo de reconciliación. No es sencillo, pero hay algunos trucos que nos ayudarán a avanzar por este camino. Antes de partir debo decir que para recorrerlo se requiere del entrenamiento de aspectos humanos como la humildad, la paciencia, la autoestima y la bondad.

Con frecuencia he escuchado la pregunta lógica sobre este asunto ¿por qué debemos perdonarnos? Muchas personas creen que no tienen ninguna necesidad de hacer un proceso de autoperdón y reencuentro con ellos mismos, pero se pasan la vida reprochándose errores del pasado sin entender que precisamente en aquello consiste el autoperdón: se trata de sacarnos un gran peso de encima por viejos errores, por conductas que hoy no aprobamos o por sentimientos negativos que solo nos arrastran hacia la inestabilidad emocional. Es normal que nos sintamos mal por haber lastimado a alguien. De lo contrario tendríamos rasgos psicopáticos. El problema es que muchas veces nos estancamos en ese sentimiento de culpa sin poder avanzar. La culpa funciona como una herramienta de aprendizaje que nos alecciona cada vez que hacemos algo indebido. Si sobrepasamos una línea conductual, puede ser que en el momento seamos presa del impulso y la emoción, la euforia de actuar fuera de la norma, sin embargo, al poco tiempo la culpa nos dirá que no debimos haber hecho aquello y modelará nuestra conducta. El problema surge cuando las dosis de culpa se encuentran por fuera de la normalidad. Como ya dije, la ausencia de culpa es un rasgo psicopático, pero el exceso de culpa también puede ser muy conflictivo, especialmente en relación a nuestra autoestima. Si nos sentimos culpables por todos los errores del pasado, llevamos una pesada carga que no nos deja avanzar, como si un enorme remolino se tragase nuestra estabilidad mental. Si soy culpable de tanto, la vida se me hace cuesta arriba y el pasado se nos hace presente una y otra vez.

¿Qué quiere decir eso de perdonarse a uno mismo?

En la primera sesión de terapia, mi colega me dijo: "Mira, quiero que sepas desde el comienzo que perdonarse a uno mismo no quiere decir que debas justificar todas tus conductas equivocadas. El autoperdón no es una licencia para ser mala persona sin cargo de consciencia. Perdonarte quiere decir que asumes las culpas del pasado y puedes contemplar los sentimientos que te produjeron sin dejar que ellos vivan cada día en ti". Sus palabras me parecieron tan bellas que las escribí en mi libreta y fueron una invitación a investigar más a fondo sobre todo el proceso.

Lo primero que descubrí fue que el perdón, tanto a uno mismo como a los demás, no es sencillo ni repentino. Para iniciar el proceso debemos cambiar la perspectiva que tenemos del hecho que no podemos superar. Es importante poner en contexto las situaciones y aceptar que no podemos modificar el pasado y que nosotros ya no somos los mismos que cometimos un error hace años, es más, probablemente ese error nos ha permitido crecer como personas y debemos agradecer el aprendizaje que de él sacamos. No se trata de cometer errores todos los días, se trata de aprender de los que inevitablemente cometeremos a lo largo de nuestras vidas.

**Fases del proceso:**

### 1. Analizar la fuente de la culpa

Tenemos que conocer el origen de nuestros sentimientos. Si hemos perdido una pareja porque cometimos un error, es fundamental que analicemos las causas de ese error. Quizás no estábamos del todo a gusto con nuestra pareja, quizás entramos en una relación tóxica donde había espacio para la venganza… son muchos los factores. Lo importante es ser honestos con nosotros a la hora de identificar los hechos que nos hacen sentir culpables.

### 2. Asumir los hechos

Todos sabemos que la impunidad es una ilusión en materia emocional. Las acciones tienen una consecuencia y es ahí donde radica muchas veces el problema de la culpa. Queremos el placer sin hacernos cargo de las consecuencias. Y en muchas ocasiones las consecuencias son la carga en nuestra conciencia que nos genera esa incomodidad. Hay que asumir la responsabilidad y hacerle frente a las consecuencias, puede ser duro, pero aliviará cualquier culpa.

### 3. Aceptar las emociones

Un paso fundamental en el perdón a uno mismo es el de entender cómo nos hemos sentido al cometer un error. Los sentimientos y emociones son una parte de nuestro ser que opera de manera irracional y puede darnos claves sobre quiénes somos en lo más profundo. A veces, la culpa viene dada por lo que se supone que deberíamos sentir y no por lo que realmente sentimos, el molde social nos impulsa a creer que debemos sentir algo que no aparece por ningún lado en nuestro interior.

### 4. El momento de tomar la responsabilidad

Si hiciste algo que no debías, no busques excusas ni te escondas. Asume la responsabilidad de tus actos, esto te hará valiente y te permitirá entrar en el campo del autoperdón con el estandarte de la dignidad.

### 5. Ahora, las consecuencias

Si soy responsable de un error, también me pertenecen las consecuencias. Si cometí una infidelidad, debo aceptar que ello implica la posibilidad de terminar una relación así no quiera. Parte de las consecuencias de muchos errores es sabernos responsables de causar un dolor a personas queridas. Es triste, asúmelo, pero no te quedes allí.

### 6. ¿Por qué no puedo perdonarme?

Trata de pensar en todas las cosas que te impiden avanzar en la vida sin la carga de haber cometido un error. Piensa también en todas las cosas que puedes hacer para soltar y perdonarte. Muchas veces la confesión o reparación del daño son el comienzo de la solución.

### 7. Pide perdón

No importa si ofendiste a otra persona o te ofendiste a ti: pide perdón, así sea a ti mismo. No puedes asumir un error sin la intención de repararlo y una parte fundamental de la reparación es pedir perdón. Pídete perdón por el abandono en que te has tenido o por el hedonismo absurdo al que has dedicado tu vida. Habla contigo, escúchate.

### 8. Repara

Sea lo que sea que hayas hecho mal, dirige tus acciones para reparar el daño causado. Te daré un ejemplo cercano: uno de mis grandes amigos de infancia se abandonó a la bebida y las drogas desde que era un adolescente. Vivía bajo el lema absurdo de muere joven, deja un cadáver hermoso. Aunque a decir verdad, el suyo sería cada vez menos hermoso. La fiesta y los tóxicos dañan la piel y causan un envejecimiento prematuro. Lo cierto es que al cumplir 38 años, el hombre entró en una profunda depresión y buscó ayuda. Era claro que su vida lo estaba torturando y todo lo que parecía fiesta era en realidad una cárcel de la que no podía escapar. Meses de terapia y desintoxicación lo ayudaron a salir del pozo y un par de años después se enfrentó con una figura obesa y demacrada frente al espejo. ¿Qué hizo? Pues lo que debió hacer mucho tiempo atrás, para reparar el error cometido con su vida y los abusos a su cuerpo, se inscribió en un gimnasio y comenzó a visitarlo a diario. Al cabo de unos meses su aspecto era impresionante. Las formas de reparar un error, contigo o con los demás, pueden ser diversas. Explora.

### 9. Medita

La meditación tiene profundos beneficios en la salud mental y puede ser una herramienta que ayude en el proceso de autoperdón. No sé si ya la practicas, pero si no es así, te recomiendo investigar un poco qué técnica te conviene más. De cualquier forma, un buen comienzo puede ser simplemente cerrar los ojos, respirar profundo y pensar en una situación puntual que quieras dejar en el camino. Tus pensamientos volarán y podrás tener una nueva perspectiva.

No seré un profeta al decir que el camino del perdón es complejo y requiere esfuerzo. ¿Pero hay acaso algo en la vida que no lo requiera? Ese esfuerzo tendrá sin duda una gran recompensa: dejar de lado el dolor y vivir una vida sin cargas del pasado que nos opriman. Si logramos avanzar sin estos amarres, podremos decidir sobre nuestro futuro. Aceptar que nos equivocamos y cometimos un error, así haya sido de manera inconsciente, es tomar las riendas de nuestra vida de manera sana y responsable. Si dejamos que el dolor decida nuestro rumbo, no solo estamos siendo negligentes con nosotros mismos, sino que viviremos una vida de amargura. Y créeme, esa vida también conduce a la soledad y al rechazo, alimentando un círculo vicioso en el que nadie quiere vivir.

# 7  ESCUCHADOR PRECOZ

Voy a darte una de mis recetas de la primera sesión de terapia que hago con mis pacientes. Has llegado acá porque eres inteligente y estás dispuesto a mejorar en todos los aspectos de tu vida que puedas y deduzco que eres de los que emplean -aún sin saberlo- aquella filosofía japonesa que dice: Hoy mejor que ayer, mañana mejor que hoy. Se trata del Kaizen o el cambio para mejorar. Si quieres, podemos usar una de sus traducciones más comunes que habla de un mejoramiento contínuo. Hablamos de seguir el flujo de la vida en todos sus niveles desde el aprendizaje y crecer cada día.

Ya que estás en esta senda, debo decirte que aprender a escuchar te ayudará a entenderlo todo. En tiempos en donde la velocidad de la información nos despeina a diario con nuevas cosas, miles de banalidades y un bombardeo de contenidos sin ningún valor, aprender a escuchar es una habilidad que nos puede ayudar a diferenciar la sal fina de la gruesa y que, además, nos convertirá en grandes personas pues a pesar de que parezca que vivimos el momento de mayor conexión y sociabilización de la historia de la humanidad, la realidad es que los seres humanos estamos cada vez más solos detrás de unas redes sociales digitales que nos alejan de las verdaderas redes sociales, las de nuestra familia, nuestro barrio, nuestros amigos y vecinos.

Escuchar a los demás es la llave de la empatía y, al mismo tiempo, nos sirve para descifrar los contextos de las personas, sus motivaciones y sentimientos, sus deseos, anhelos y frustraciones. Con frecuencia solemos juzgar las conductas y los hechos. Ya lo dice el dicho popular, hechos y no palabras. Sin embargo, las palabras del otro nos dan un contexto de aquel hecho que juzgamos. Mediante la escucha podemos entender las posturas de los demás y sus condiciones íntimas, al tiempo que nos puede abrir los ojos sobre ese secreto a voces: no estás solo en el mundo y cada uno de los casi ocho mil millones de seres humanos es un universo en sí.

Aprender a escuchar es una base fundamental para crear vínculos. Se trata, una vez más, de aplicar el principio elemental de todas las relaciones humanas: tratar a las personas como te gustaría que te traten. Si desarrollas la capacidad de escuchar abiertamente y sin prejuicios, te convertirás en una persona vitamina que todos querrán tener cerca y esto funcionará de manera natural porque sentirse escuchado implica sentirse validado como persona y reconocido como interlocutor. Estoy seguro de que estás pensando en las veces en que has estado en las dos situaciones: el cariño automático por las personas que te escucharon y la sensación de desasosiego por sentir que las personas con quienes compartes tus inquietudes y sentimientos te oyeron sin escuchar.

Es probable que tú también hayas recibido la lección escolar para diferenciar escuchar de oír, pero también es probable que tus maestros hayan olvidado la diferencia fundamental entre los dos conceptos. No se trata solo de prestar atención, se trata de hacerlo desde la empatía y libres de prejuicios porque cada vez que aplicamos un juicio previo, no estamos viviendo el presente de una persona. Lo voy a ejemplificar: hace un tiempo conocí a una mujer con quien entablé una estrecha amistad. Solíamos salir a caminar por el bosque y contarnos nuestras vidas. En esa época ella estaba embarcada en una relación sin destino y con el tiempo, nuestras conversaciones se convirtieron en una especie de terapias en las que ella me contaba lo miserable que le resultaba su vida porque el hombre con el que se había casado dejaba de prestarle atención. Al cabo de un tiempo decidieron separarse y nuestras conversaciones se llenaron aún más de su miseria y tristeza. Se quejaba porque nada en su vida salía bien y los nuevos hombres que conocía parecían interesarse solo en el sexo y no en sus sentimientos. Después de un año de su ruptura, comencé a alejarme de esta mujer. Le tenía un aprecio sincero, pero sentía que nuestra relación no era equilibrada, pues venía solo en una dirección: ella expresaba todos sus sentimientos, generalmente negativos, yo la escuchaba y fin del asunto. Al cabo de varios años de distanciamiento, recibí un correo suyo diciéndome que había vuelto a la ciudad y quería verme. Inicialmente tuve ciertas dudas. Reviví aquellas conversaciones unilaterales llenas de drama y tragedia en las que ella parecía bañarse en su propio dolor. Después de meditarlo, decidí aceptar su propuesta y nos reunimos en un café. En el camino hacia nuestra cita, yo repasé mentalmente lo que había sido nuestra historia y mi predisposición a nuestro encuentro era tangible. Al llegar al café, me encontré con una mujer radiante con una hermosa sonrisa en el rostro. Me saludó muy efusivamente y en nuestra conversación me encontré con una persona completamente distinta al recuerdo que yo tenía de ella. Hablaba con entusiasmo de la vida y de sus proyectos profesionales, había encontrado el amor con el que parecía un hombre maravilloso según sus palabras y mientras conversábamos pensé en el grave error que yo había cometido al pensar en ella como la mujer del pasado, anulando su capacidad de mejorar como persona. Esto me enseñó a dejar los prejuicios en el perchero y escuchar a cada persona como si se tratase de la primera vez que hablamos, porque el tiempo presente es el único que existe y todos tenemos el derecho de cambiar.

La pregunta lógica que te debes estar haciendo es: ¿cómo aprendo a escuchar? Y tienes razón, hemos venido a aprender. Se trata de un proceso que podría resultar sencillo si aplicamos la empatía, como comenté un poco más arriba. Dentro de las enseñanzas de Gautama Buddha y sus seguidores en el campo de lo que hoy conocemos como budismo, me gustaría rescatar aquella que nos habla de ese gran enemigo interno que es nuestro ego. Si te pones a pensar en tus interacciones sociales, con frecuencia aquel ego está esperando la oportunidad para hacer una exhibición y en las conversaciones aparece cuando en lugar de escuchar estás esperando que tu interlocutor haga una pausa para hablar tú y decir algo que pueda conducir la charla hacia un terreno en el que tu ego pueda acampar a sus anchas.

Te voy a dar algunos consejos prácticos para revertir esta situación:

### Céntrate en escuchar sin juicio

El primer paso para aprender a escuchar es no juzgar. Deja de lado tus juicios y prejuicios y trata de atender a lo que la otra persona dice. Esto no quiere decir que tienes que estar de acuerdo con lo que te digan, ¡pero al menos déjalo terminar! Con frecuencia sospechamos por qué camino irá el agua al molino y tratamos de cortar el discurso porque no estamos de acuerdo, sin permitir que la otra persona plantee sus puntos de vista por completo y le faltamos al respeto sin dejarlo terminar. De igual manera, nuestros juicios o prejuicios suelen imponer un gran filtro que nos impide abrirnos a escuchar plenamente y hacen que menospreciemos las palabras de nuestro interlocutor. Un ejemplo clásico de esto se da cuando se encuentran una persona que cree con fervor en una religión y una persona que no profesa ningún credo. Los prejuicios que se tienen ambas partes hacen que las palabras del otro se devalúen y el proceso de escucha se quiebra completamente. Me gustaría recomendarte un libro en el que este encuentro produce todo lo contrario, se trata de El Monje y el Filósofo, donde Jean-François Revel y Matthieu Ricard, padre e hijo, filósofo agnóstico uno y monje budista el otro, establecen un interesante diálogo sobre el budismo que nos sirve también como gran ejemplo de escucha.

Me gustaría aprovechar este subtítulo para hablar de la importancia de no insultar a tu interlocutor. Esto parece una obviedad, pero en la práctica no lo es, pues sucede con tal frecuencia que me hace pensar lo contrario. Cuando insultas a una persona, su cerebro desarrolla un mecanismo de autodefensa mediante el cual su capacidad de empatizar contigo o de escucharte se bloquea, pues pensará que después de que cruzaste la barrera del respeto nada bueno puede aparecer por allí. Curiosamente, las personas que quieren convencer a otras de una idea determinada, digamos por ejemplo de que su corriente política es mejor, parten desde el insulto, anulando toda posibilidad de "conversión".

La tolerancia, la paciencia y la flexibilidad son pilares fundamentales para aprender a escuchar, porque aunque no estemos de acuerdo con lo que escuchamos, la capacidad de interiorizar esas palabras y transmitir esa apertura a nuestro interlocutor crearán un vínculo importante.

### La escucha activa

Para mí y muchos de mis compañeros psicólogos, esta herramienta es la base para aprender a escuchar. A medida que explico en qué consiste es probable que pienses que algunas de estas cosas ya las conocías o incluso has tratado de aplicarlas en el pasado. Tienes razón. Paradójicamente, en el complejo camino para convertirte en una mejor persona, muchas de las herramientas hacen parte del sentido común. ¿Y si es tan común por qué no se ejerce?

En lo personal, me gusta definir la escucha activa como "estar presente". Muchas veces nos encontramos en una conversación y nuestro cerebro está divagando sobre otros asuntos, pensando quizás en las cosas que tenemos que hacer al llegar a casa o mañana temprano cuando volvamos al trabajo. Eso, ciertamente, no es escuchar. Pero tampoco es estar presente. Para escuchar activamente a un interlocutor tenemos que emplear nuestra conciencia plena y echar mano de herramientas como nuestro propio cuerpo. Esto es muy sencillo: la escucha activa nos ayuda a establecer un puente de intimidad con otras personas que solo es posible si ellas reconocen nuestra atención completa en sus palabras. Para ello disponemos de nuestra actitud corporal y nuestros gestos. Piensa por ejemplo en cómo te sientes cada vez que diriges la palabra a una persona y esta no establece contacto visual contigo. Bien, no eres el único.

Pero antes de establecer este tipo de conexión, me gustaría recomendarte algo que con frecuencia queda por fuera de los textos sobre la importancia de escuchar. El primer paso para ser un interlocutor justo y empático viene mucho antes de entrar en una conversación con otra persona. Se trata de aprender a escucharte a ti mismo. Si tú no sabes escucharte a ti mismo, es muy difícil que aprendas a escuchar a los demás. Recuerda que eres la persona con la que pasarás toda tu vida y prestarte atención es fundamental para ésta y muchas otras cosas. Me gustaría recomendarte que coquetees con esto que hoy suelen llamar "mindfulness" y que a mi me gusta mantener en castellano bajo el concepto de atención plena. Trata de mirar tus pensamientos como si se tratase de pájaros cruzando el cielo, así podrás verlos con cierta distancia, sin juicios ni valoraciones. Evita los ruidos externos que con frecuencia empleamos para acallar nuestros pensamientos. Sí, me refiero a encender el televisor o la radio o incluso a entrar en las redes sociales. Son ruidos que te alejan de ti. El deporte es otra herramienta muy potente para estar en contacto contigo mismo, pues te desconecta de todo lo externo.

Si crees que has superado esta fase y a lo largo de tu vida has estado en contacto con tu voz interior o estás trabajando en ello, podemos pasar a hablar propiamente de la escucha activa. Mucha gente piensa que se trata de un concepto vacío que se basa simplemente en poner atención activamente. Sin embargo, se trata de algo un poco más complejo que supone un esfuerzo cognitivo importante, pues como habrás escuchado alguna vez, la atención es un recurso limitado y las personas solemos tener lo que algunos pedagogos llaman "la curva de atención", que supone un periodo de mayor capacidad para entender lo que escuchamos hasta que nuestro cerebro se cansa y pide un respiro. Es probable que esto te transporte a tus tiempos como estudiante, donde después de cierto tiempo las clases parecían eternas, según un estudio de la Universidad de California, el tiempo que se puede dedicar a la instrucción directa para los alumnos varía entre los 5 a 8 minutos para los chicos de primero y segundo de primaria y asciende a entre 12 y 15 minutos para los alumnos de los últimos años. Pero hay una esperanza: la atención se puede entrenar con estos consejos básicos:

Meditar
Hacer ejercicio
Tomar notas a mano
Mantenerse hidratados
Hacer preguntas
Escuchar música
Beber té

Esto no solo se aplica a la escucha activa, pero sin duda puede fortalecer tus habilidades en este campo.

Una idea fundamental en la escucha activa es entender que todos los seres humanos somos un misterio. Si logramos interiorizar esta idea estaremos despertando al virus de la curiosidad, una parte importante en la atención. Si entendemos que todos tenemos algo interesante que decir, es probable que nuestro interés por sus palabras crezca, potenciando nuestra capacidad como seres que escuchan.

Partí este capítulo con una deducción lógica respecto a tu interés en aprender y siguiendo ese camino debo suponer que eres de las personas que les gusta descubrir el misterio que suponen los demás. Recuerda que las únicas personas que no aprenden nada son aquellas que creen saberlo todo y que demuestran su ignorancia mediante la soberbia que esto supone. Una frase atribuída con frecuencia a Albert Einstein asegura que "el ignorante critica porque cree saberlo todo, el sabio respeta porque reconoce que puede aprender algo nuevo".

La escucha activa también tiene una dimensión no verbal que me resulta sumamente interesante. Se trata de estar tan presente que intentas escuchar lo que la persona está tratando de expresar sin hablar. Sus sentimientos, ideas y pensamientos implícitos en sus palabras. Muchas veces queremos decir más de lo que expresamos con nuestra voz y la clave para lograr entender este mensaje subyacente es la empatía y la lectura de los gestos.

En términos prácticos, la escucha activa está acompañada de señales que mantienen activo el vínculo como la comunicación verbal, esto que se conoce como la función fática del lenguaje y está compuesto de una retroalimentación constante en la atención. Es decir, interjecciones como "ya veo, entiendo, umm, ajá". Así mismo está presente el lenguaje no verbal como el contacto visual, gestos que reaccionan a las palabras del otro o la disposición del cuerpo.

Además de los gestos como asentir con la cabeza, una buena idea es repetir brevemente, y de vez en cuando, lo que tu interlocutor está diciendo. Esto te ayudará a seguir el hilo de la conversación sin distraerte, y hará que la confianza de la otra persona aumente ya que notará tu atención en sus palabras.

## No interrumpas a menos que tengas dudas

Si quieres ser un buen escuchador, pues escucha. Parece sencillo, pero para muchas personas es imposible. El bichito del yo-también-quiero-opinar nos puede más y resulta prácticamente imposible sostener una conversación sin querer meter la cucharada y decir "a mi", "yo creo" o "para mi las cosas son así".

No interrumpir el flujo oratorio es una condición básica que permitirá a tu interlocutor exponer por completo su idea. De lo contrario, creer que lo has escuchado sería como pretender haber visto una película después de haberla apagado a los pocos minutos de iniciada. Vuelve a pensar el asunto desde el otro punto de vista y recuerda qué se siente ser interrumpido constantemente. Como estoy seguro de que sabes lo desagradable que puede ser, te pediré que cada vez que sientas ganas de interrumpir a alguien, recuerdes la frustración que has sentido cuando no te han dejado hablar y exponer tus ideas por completo.

Cuando una persona siente que alguien le da el espacio para explayarse hablando, crea un vínculo estrecho y deposita su preciosa confianza en el otro, haciendo que la comunicación fluya armoniosamente y, sobre todo, generando algo de estima y aprecio. ¿No es acaso lo que quieres?

Para no interrumpir debes trabajar el autocontrol. ¿Es realmente necesaria cada interrupción que tu cerebro te invita a hacer? Piensa esto mientras sientes deseos de interrumpir, porque sin duda tu cerebro desplegará una amplia gama de temas y observaciones sobre el asunto que expone tu interlocutor, así que probablemente te verás compelido a quebrar su flujo para introducir tu parte. No lo hagas automáticamente. Piensa si cada una de esas interrupciones es pertinente, porque además de convertirte en una persona molesta y poco empática, es probable que solo logres confirmar aquel dicho que asegura que es mejor quedarse callado y parecer estúpido, que abrir la boca y confirmarlo.

Con esto no quiero decir que seas un interlocutor mudo. Nadie quiere hablar con una tapia, la conversación es por defecto un acto de intercambio entre dos o más personas y las interrupciones en ocasiones son necesarias para reconducir el sentido del asunto en caso de que tu interlocutor se desvíe del tema que pensaba tratar. Muchas personas quieren hablar de sus problemas y en el transcurso de la conversación van cambiando el tema porque les surgieron ciertos recuerdos que los llevan a nuevos y diversos temas que nada tenían que ver con sus dilemas iniciales.

La interrupción también es fundamental si lo que buscas es indagar más sobre el asunto. De esto sabemos bastante los psicólogos, que estamos acostumbrados a emplear la escucha activa en nuestras terapias y hacemos preguntas como "¿Y esto cómo te hace sentir?" o "¿Podrías contarme un poco más sobre cómo era la relación con tu madre?". Preguntar es una forma de mostrar interés genuino por los demás y resulta fundamental en las conversaciones. ¿O es que acaso no te sientes desamparado cuando quedas con un amigo y este no te pregunta absolutamente nada sobre tu vida? Haz preguntas sencillas que no interrumpan el flujo sino que lo conduzcan o aclaren situaciones. A las personas nos fascina hablar y más nos fascina el interés de otros por lo que decimos, por eso las preguntas son una buena herramienta que tocarán el ego de tu interlocutor.

### Ojos con ojos

Mirarse a los ojos es una de las condiciones básicas de una buena conversación. No se trata de sostener la mirada constantemente, sino de hacer contacto visual frecuente con tu interlocutor. Todos sabemos que alguien que no te mira a la cara no es una persona de fiar, no hace falta que estudiemos psicología, pues nuestro cerebro está diseñado para leer los rostros y su gestualidad, si alguien no quiere compartirlo con nosotros, se enciende la alarma de la desconfianza.

Un lugar común de la cultura popular dice que los ojos son la ventana del alma, ¿podrías mantener una conversación sincera con alguien que no quiere exponer su alma? Además, mirando a los ojos de una persona podrás saber mucho más de lo que piensa que lo que dicen sus palabras.

### El cuerpo también habla

El control de tu cuerpo dice mucho de ti. No solo a la hora de escuchar. Como expondré más adelante, una persona magnética tiene dominio de su postura y con ella comunica cientos de cosas entre las que se encuentra el interés por una conversación. No se trata solo de mirar a tu interlocutor. Tu cuerpo debe estar en dirección a la otra persona, inclinándote ligeramente hacia adelante, con un gesto de interés genuino en el rostro. Si te encuentras en un lugar donde suceden otras cosas -un café, por ejemplo-, tienes que ser capaz de concentrarte en tu interlocutor. Todos hemos vivido situaciones en las que sentimos que hablamos con un cuerpo ausente, con una persona que mira lo que sucede detrás de nosotros y hasta podemos notar cómo sus ojos siguen el trayecto de una situación que nada tiene que ver con nuestras palabras.

El cuerpo habla aunque no queramos y puede decir mucho más de lo que expresamos. Si te sientes incómodo, sueles cruzar las piernas y los brazos, o a mover algún objeto con las manos. Esto, claro está, será interpretado por tu interlocutor como una falta de interés en sus palabras.

# 8 NO SEAS SERVIL

Hay una diferencia enorme entre una persona servicial y una servil. Desafortunadamente, algunas personas suelen confundir las cosas, pues creen erróneamente que al mostrarse dóciles serán aceptados por los demás. Esto no es así. Solemos perder el respeto por las personas que no se respetan a sí mismas y si actuamos de buena fe, los dejaremos de lado. Sin embargo, habrá otros que aprovechen esta sumisión a su favor. Una persona vitamina conoce perfectamente la diferencia entre servicial y servil y nunca caería en ésta última, pues su autoestima se lo impide. Es por eso que nos caen bien: suelen ayudar a otros dejando muy en claro sus límites. Saben lo que valen y por eso no dejarán que nadie pase por encima suyo.

Las personas sumisas tienen una triste desventaja frente al resto de los mortales: son capaces de abandonar sus sueños para satisfacer a los demás. Desgraciadamente para ellos, creen que anularse como personas les traerá resultados positivos, pues al someterse voluntariamente a la autoridad de quiénes los rodean creen que están evitando un conflicto.

Si hablamos de alguien servicial, nos referimos a una persona que está dispuesta a ayudar a los demás, que está, de alguna manera "a su servicio". Esta es una característica muy apreciada en las relaciones sociales, pues parte del éxito de la humanidad como especie animal ha sido precisamente su capacidad par asociarse y lograr grandes cosas. Somo serviciales cuando hacemos una tarea, nos corresponda o no, de manera voluntaria y efectiva para ayudar a una persona. Es, en pocas palabras, ser una buena persona ayudando de corazón y de manera desinteresada.

En contraste, uno de los peligros más profundos del carácter servil es que incurre en la autoagresión. Una persona que se permite abandonar sus sueños para obedecer a los designios de otra persona -muchas veces en favor de los objetivos de ésta última-, está cayendo varios peldaños en su autovaloración y esto lo hará víctima de manipuladores sin escrúpulos. El servilismo es nefasto porque nos quita nuestro valioso tiempo y nos degrada como personas, dejando secuelas que pueden acompañarnos por muchos años.

¿Dónde está la frontera? Una de las señales de alerta que podemos identificar suele aparecer si dudamos sobre la pertinencia de hacer un favor. Si no estamos seguros de hacerlo, si consideramos que quizás hay algo que no nos cuadra del todo, es porque no lo consideramos realmente un favor. Si dudamos, ya deberíamos reconsiderar la idea de hacer aquello que está en cuestión. Los verdaderos favores, los hechos que hacemos de manera servicial, no suelen generarnos esa duda porque nunca seremos serviciales por obligación. Es una contradicción en los términos, pues nada que hagamos de manera obligada puede tener una naturaleza sana. Si algo transgrede nuestra esencia, no viene desde un buen lugar.

Te daré una herramienta muy sencilla para dilucidar las cosas. Si respondes de manera afirmativa a la pregunta ¿Si fuese posible no hacerlo, lo harías? entonces es muy probable que sea una situación donde desempeñas un rol servil.

Esto no quiere decir que debamos limitar nuestro espíritu servicial porque un contexto pueda sugerir sumisión. Esto se ve con frecuencia en ambientes laborales donde nuestros colegas nos pueden recriminar por hacer un poco más de lo que nos corresponde, como si se tratase de una actitud servil. Si lo hacemos porque somos proactivos, genial. Si lo hacemos para sumar puntos, estamos cometiendo un grave error: entrar en un rol de servilismo puede ser nefasto para nuestras aspiraciones, pues las personas tienden a no apreciar a los sujetos serviles, por el contrario, tienen una valoración negativa de ellos, pues el servilismo es un sinónimo de baja autoestima. Y nos cuesta mucho tenerle aprecio a una persona que no se tiene aprecio.

### ¿Cómo son las personas sumisas?

Me gustaría abordar algunas de las características principales de las personas serviles y sumisas. Aunque ambos conceptos no son exactamente sinónimos, generalmente una persona que tiene uno de estos rasgos, posee también el otro.

- No quieren conflictos: Las personas sumisas suelen evitar los conflictos a toda costa. Con tal de mantenerse en un ámbito de supuesta paz, pueden traicionar sus sentimientos y sus ideas para dar la razón a otra persona. Tristemente suelen creer que su opinión no vale lo suficiente como para defenderla frente a otro. Así mismo, terminan aceptando una serie de tareas y favores que no quieren hacer, pues piensan que hacerlos será más sencillo que enfrentarse al conflicto de decir que no.

- Son tímidos: Una persona que suele reprimir lo que siente y piensa, es, por lo general, una persona que desarrolla una personalidad introvertida y tímida. Esto no quiere decir que todos los sumisos sean tímidos, pero sí podemos ver un rasgo de timidez en algunas de las personas con rasgos de sumisión. Con frecuencia se convierten en el escudero mudo de un "líder" que habla por ellos.

- Son negativos: La sumisión y el servilismo implican claudicar a una serie de sueños y anhelos personales para vivir en servicio de los sueños y anhelos de otras personas. Alguien que vive con esa pesada carga genera una personalidad negativa, pues vive en la frustración.

- Son dependientes emocionalmente: Las personalidades sumisas tienen miedo. Miedo a hablar, miedo de actuar, miedo de valerse por sí mismos. Por ello suelen generar relaciones de dependencia con personas de carácter manipulador y autoritario a quienes les conceden su voz. Esto genera una dependencia emocional que muchas veces se traduce en relaciones de abuso y maltrato.

-Son complacientes: Ése tipo de personas quiere complacer a todos constantemente. Pueden hacer cosas que nunca harían por sí mismos para mantener feliz a otra persona.

-Tienen baja autoestima: Las personas sumisas se explican desde este punto: su comportamiento suele venir por una baja autoestima, por ello no tienen confianza y seguridad en sí mismos y permiten que otros se hagan cargo de sus vidas.

-Carecen de voz propia: Una persona servil y sumisa no tiene voz propia y si la tiene, no la usa. Así, permiten que otras personas impongan su voluntad por sobre la suya y se conforman con los deseos de otras personas.

Como verás, los rasgos de la personalidad sumisa y servil son una suma de negatividad en la que destaca la falta de amor propio y de seguridad que derivan en una especie de claudicación a vivir la vida en primera persona, delegando esta responsabilidad a un "tutor", que con frecuencia no es otra cosa que una persona manipuladora que saca partido de su debilidad. Está claro que nadie desea fervientemente ser sumiso y pocas personas están dispuestas a aceptar ésta condición aún cuando tengan la evidencia delante de sus ojos. Sin embargo, algunas experiencias vividas a lo largo de nuestras vidas pueden condicionar nuestro carácter, llevándonos a aceptar una serie de situaciones que alguien con una autoestima saludable nunca dejaría pasar. La pregunta lógica es ¿se puede revertir un carácter de esta naturaleza? Sí, claro.

### Recetas rebeldes
La psicología cuenta con varias herramientas para trabajar la personalidad sumisa y servil que están basadas en su mayoría en fortalecer la confianza de las personas. Ahí es donde radica el problema y donde debemos enfocar toda nuestra energía, pues a estas alturas estará claro para todos que si quieres convertirte en una persona vitamina, lo último que deseas será caer en actitudes de sumisión o servilismo.
Una de las formas de trabajar en tu confianza es tomar más responsabilidades y entender que no hay nadie en el universo que se pueda hacer cargo de tu vida excepto tú. Tú eres el responsable de ti y debes levantarte. ¿Te has puesto a pensar que este instante sagrado no se repetirá nunca más? No dejes pasar más tiempo, levántate y anda. Tienes que dejar de delegar las decisiones importantes de tu vida. La próxima vez que tengas que tomar una decisión, mira en tu interior y sigue tus instintos. Lo más grave que puede pasar es cometer un error, pero habrás entrenado tu confianza. Los errores se solucionan y la lección queda.
Debes aceptar que no le gustarás a todo el mundo. Y eso está muy bien.

La idea de buscar aceptación y cariño desde el servilismo y la sumisión es una agresión que te haces a tí mismo y que nunca logrará darte el amor y mucho menos el respeto de los demás. Si crees que siendo complaciente podrás gustarle a las personas, cometes un grave error: sigue tus instintos y en primer lugar busca tu propia aceptación. Ya veremos si es necesario tener la de los demás. Te aseguro que cuando te ames, verás que la aceptación ajena te parecerá sobrevalorada.

## 1.- Hay que decir que no

Cada vez que sientas el deseo de oponerte a algo, dilo. Cada vez que alguien te pida un favor que no quieres hacer, no lo hagas. Las personas valoramos mucho a quienes tienen el valor de poner sus límites claros y decir que no cuando no quieren decir otra cosa. No aceptes lo que no quieras. Si desaparecen las personas que estaban a tu alrededor por interés en tus favores, tanto mejor: no las necesitas y te darás cuenta de que solo estaban allí por conveniencia. Tú no estás para recibir migajas de cariño a cambio de favores. Tú vales muchísimo y ser complaciente es una forma de anularte.

## 2.- Hay que hablar

Saca la voz. Seguro tienes mucho qué decir. Tanto como todos los seres humanos del planeta. Pero solo practicando podrás sacarlo. Entonces es momento de hablar y de plantear tu visión del mundo. No te guardes las cosas. Cuando estés en una reunión social y sientas que tienes algo que agregar, házlo. No hables por hablar, claro, aunque en un comienzo la práctica no te hará mal. No tengas miedo de expresarte. Al fin y al cabo todo el mundo lo hace. Tu opinión no está bien ni está mal, es solo una forma de ver las cosas, pero si la expones en público comenzarás a consolidar tu confianza.

Es probable que en un comienzo incluso tu voz te resulte extraña. Si no estás acostumbrado a hablar en público, la práctica te ayudará. Trata de tener un buen tono y volumen, busca transmitir seguridad y verás como poco a poco ésta se convierte en realidad.

## 3.- No sientas culpa

El proceso de ruptura con nuestro antiguo ser sumiso y complaciente puede producirnos sentimientos de culpa. ¿Cómo pude dejar de ayudar a esa persona a la que he ayudado tanto tiempo? No. No sientas culpa. La ayuda es algo que se entrega de manera voluntaria y si no te nace hacerlo, no lo hagas. No faltarán las personas manipuladores que, ante la perspectiva de perder tu servilismo, tratarán de despertar tu culpa cuando los abandones. Esto solo te confirmará que son malas personas porque si realmente quisieran lo mejor para ti, hace mucho que te habrían ayudado a dejar de ser servil. Trata de buscar el origen de la culpa y reformula tus sentimientos. Es posible que solo sientas culpa porque estás acostumbrado a actuar en favor de los demás y en detrimento de ti mismo.

**4.- Huye de las personas tóxicas**

Este, claro está, es un consejo en todas las situaciones. Sin embargo toma mayor importancia cuando queremos combatir una personalidad sumisa, pues las personas tóxicas, abusivas y manipuladoras buscan aprovechar el carácter servil para sacar provecho. Entonces debes identificar a este tipo de personas en tu entorno y cortar el vínculo de inmediato. Yo sé que hemos generado lazos de dependencia emocional y que no es fácil romper relaciones de la noche a la mañana, pero abre la puerta y expúlsalos de tu vida. Hablamos de una cuestión de supervivencia. Puede ser que éstas personas no te anulen físicamente, pero sí lo hacen como persona. Es como si te mataran cada día. No permitas que esto siga sucediendo. El comienzo será conflictivo, pero es mucho mejor ir solo que mal acompañado.

Este ejercicio de liberación también te ayudará a fortalecer tu autoestima y tu confianza. En la medida en que te empoderas recuperarás el control de tu vida y todo será como una bola de nieve que se hace más grande con el paso de los días.

**5.- Sé positivo**

Practicar la positividad es un método excelente para que te saques la capa de la sumisión y te hagas cargo de tu vida. Porque parte de la responsabilidad de ese servilismo está ligado con el pensamiento negativo, como te expliqué un poco más atrás. Si vivimos con una pesada carga negativa, es mucho más probable que generemos un carácter dócil y fácil de manipular. El optimismo es un arma muy poderosa para empoderarnos y hacernos cargo de nuestra vida y nuestras decisiones.

**El valor del orgullo**

Me gustaría cerrar este capítulo hablando un poco del valor del orgullo para las personas. Con frecuencia, el orgullo está asociado a un carácter negativo y a la soberbia. Esto es como muchas cosas en la vida: depende del uso y forma en que se emplee. Si hablamos de orgullo positivo, es probable que estemos hablando de autoestima, del valor que se da una persona a sí misma. Recuerda: el amor que te das es el que le enseña a los demás a amarte. Es muy difícil que alguien que no sea buena compañía para sí mismo, pueda ser buena compañía para los demás.

El orgullo no es necesariamente malo. Al contrario. Un orgullo balanceado y honesto, basado en valores positivos y en el respeto propio, es la base de relaciones sociales sanas. Es por eso que las personas complacientes suelen tener problemas para tener buenas relaciones. ¿Si ellas no se aprecian, cómo esperan que lo hagan los demás?

Pero si el orgullo se convierte en soberbia, nosotros nos convertimos en seres despreciables e irrisorios: es curioso pero las personas soberbias no se dan cuenta que su actitud solo puede engañar a unos pocos y que al resto de mortales les resulta patéticamente divertido ver cómo pueden creerse el centro del universo. Una persona que se cree superior a los demás está incapacitada para ver sus errores, por lo tanto no los puede corregir ni aprender de ellos.

Es por esto que invito siempre a mis pacientes a cultivar lo que me gusta llamar el "Orgullo humilde". Ámate sin perder el respeto por los demás, sin despegar los pies de la tierra y ten siempre presente que la experiencia de vivir es mucho más agradable si se experimenta con una sonrisa amable en el rostro.

# 9 EL OPTIMISMO NUESTRO DE CADA DÍA

Conocí a mi gran amigo Francois durante mi primer viaje a Europa. Yo tenía veinte años y el deseo ardiente de viajar por el mundo y expandir las fronteras de mi conocimiento. Me pareció que una de las mejores formas de comenzar esa aventura sería por España, un país que por entonces me parecía exótico y me hacía pensar en los libros de Ernest Hemingway. La parafernalia de los toros y el flamenco, las tapas y el vino y todas esas postales de playas paradisíacas bañadas por un sol incandescente y eterno me impulsaron a tomar un vuelo directo a Madrid. La ciudad, en el corazón del país, no tenía el sol que yo deseaba. Era una bella ciudad, repleta de gente y tabernas con delicioso jamón y exquisitos vinos, pero aquello del flamenco y la playa aún me hacía falta. Mi ignorancia de joven estadounidense me había hecho obviar los kilómetros entre la capital del país y sus playas sobre el mediterráneo. Un poco ofuscado, me registré en un hostal cercano a la céntrica Puerta del Sol decidido a partir al día siguiente rumbo al sur, tierra de sol, mar y paella. ¡Ole! En la recepción, un anciano me atendió en un inglés muy limitado. No podía culparlo, después de todo mi español tampoco iba mucho más allá de "Buenos días" y "Gracias". Mientras tratábamos de entendernos entre señas, apareció en la recepción un menudo chico rubio de profundos ojos verdes. Nos miró con una sonrisa en el rostro y se acercó. "Manolo, lo que este hombre quiere es una habitación privada con baño para esta noche", le dijo al anciano en un perfecto castellano. Intercambiaron palabras y se dirigió a mí en inglés: "Manolo dice que tienes que quedarte dos noches, la habitación con baño tiene esa condición. Dice que de otra forma no le sale a cuenta". Acepté a regañadientes pues el precio era una ganga y yo deseaba darme un baño. El chico me estiró su mano y me dijo con acento francés: "Soy Francois, vividor y viajero". Dibujó una sonrisa en el rostro, imagino que se debía a mi reacción por su particular presentación. "Soy Bill, aspirante a psicólogo y...", traté de imitar su gracia pero no encontré la desfachatez suficiente para emular sus "oficios". "¿Te apetece una copa, Bill?", me preguntó y acepté sin dudar. Habían pasado dieciocho horas desde que salí de mi casa y quería sentarme tranquilo a tomar algo y contemplar mis posibilidades en el viejo mundo. Dejé mis cosas en la habitación y salimos a recorrer las calles de un Madrid que se encontraba detenido en el tiempo. Francois parecía conocer la ciudad de memoria y me condujo por pequeñas callejuelas hasta que llegamos a una taberna centenaria en la plaza de Chueca donde él pidió dos vermuts. Nos acomodamos en una mesa junto  a unos antiguos barriles de vino y dijo: "España es un lugar maravilloso. Bueno, en realidad el mundo es un lugar espectacular si quieres verlo así". Al poco rato de hablar noté que su compañia era dulce y tenía la capacidad de convertir mi decepción viajera en una esperanza urgente. Todo podía ser hermoso si así lo deseaba. "Mira Bill, la vida está llena de problemas y dolores. Pero estos no van a cambiar por más que pienses en ellos todo el día. Es necesario que los dejes de lado cuando no estás haciendo algo para solucionarlos. De lo contrario te van a perseguir y van a arruinar tu alma y estropear tu apetito", dijo en una carcajada. Francois tenía la capacidad de actuar desde la esperanza, parecía guiado por una alegría secreta que le gustaba exhibir pues sabía que quien da una sonrisa recibe otra a cambio. Al cabo de una semana yo seguía en Madrid disfrutando de su compañía. Recorrimos la ciudad de cabo a rabo pero lo que conocí verdaderamente fue su espíritu optimista. Este hombre tenía la capacidad de mirar hacia el futuro con una fe contagiosa que hacía que cosas buenas sucedieran. Una mañana salimos con rumbo a Toledo, una hermosa ciudad medieval. Al llegar a la estación, nos dimos cuenta de que habíamos perdido nuestro tren. Me lamenté por no haber caminado más de prisa en el camino, pero Francois me animó: "Tranquilo, a veces las cosas pasan por algo, ya encontraremos la forma de llegar", me invitó a tomar un vino en el bar de la estación. Tomé asiento y él se dirigió a la barra. Lo vi hablar animadamente con un hombre y luego llegó hacia mí con dos copas y una sonrisa: "¿Alguna vez has servido como ayudante de maquinista?", me preguntó. Estaba claro que no. Yo era un estudiante de psicología de vacaciones por Europa. "Bien, pues es el momento de aprender. Apura el vino porque iremos a Toledo ayudando a este hombre en un tren de carga", me dijo y dio un largo trago para acabar con su copa.

Su vida estaba llena de episodios como éste. Francois sabía que enfrentar el día a día con una sonrisa y buena disposición lo llevaba a vivir todo tipo de aventuras, positivas en su mayoría. "¿Nunca te ha pasado nada malo?", le pregunté en nuestro segundo encuentro, años después en un bar de Nápoles donde nos habíamos puesto cita por carta. "Claro que sí, las cosas malas pasan, pero muchas personas piensan que pasan más a menudo de lo que realmente pasan", me respondió. Según él, es imposible evitar las desgracias, pero sí podemos controlar pensar en ellas como algo inminente. "Por eso hay que vivir con optimismo, Bill". Su frase se ha quedado grabada en mi mente y cada vez que siento que me estoy dejando llevar por pensamientos negativos pienso: ¿qué haría Francois? Hoy en día, por si te lo preguntas, mi querido Francois tiene una granja de uvas en el sur de Francia donde produce un exquisito vino Malbec que se vende a muy buen precio en los supermercados orgánicos de la región de Occitania.


El optimismo es un don que las personas agradables suelen compartir. Se trata de un precioso filtro para ver la vida con la esperanza de que lo mejor sucederá y, si no es el caso, lo negativo nos dejará al menos una lección de la que podremos sacar algo.

La percepción de la realidad tiene consecuencias directas en nuestro estado de ánimo. Por eso es importante pensar en nuestra predisposición para esta percepción. Si tenemos una actitud mental que confía en el éxito y tiene esperanza de que las cosas saldrán bien, ya hemos dado un primer paso. Vivir sin optimismo es cerrar la puerta antes de tocar. El optimismo nos ayuda a tener conciencia del milagro de la existencia y lo precioso del tiempo, pues no sirve de nada enfrentar la vida creyendo que todo saldrá mal. Alguien que inicia un proyecto creyendo que fracasará, ya está perdido.

El investigador Shawn Achor de la Universidad de Harvard, señaló en su libro The Happiness Advantage (La felicidad como ventaja), que es posible entrenar el optimismo y cambiar nuestra mirada sobre la vida, logrando así elevar nuestros niveles de felicidad. Según él, la felicidad no es una consecuencia, es una causa. Las personas no logramos objetivos para ser felices, dice, sino que somos felices y gracias a ello logramos nuestros objetivos. Es por esto que es fundamental invertir el paradigma y dejar de pensar en la felicidad como meta. Según él, gracias al optimismo, el apoyo social y la resiliencia podemos tener éxito en el trabajo ya que éstas son mucho más importantes que la inteligencia de una persona.

El investigador llevó adelante un trabajo en más de 45 países y los resultados son asombrosos. Se estima que el cerebro positivo puede llegar a ser un 31% más productivo que un cerebro con pensamientos negativos, neutros o bajo presión. Según su estudio, el positivismo de un vendedor se traduce en un rendimiento un 37% superior que el de alguien que no tiene este sentimiento. Si hablamos de un doctor, el estudio señala que pueden ser un 19% más rápidos, precisos y correctos en sus diagnósticos si actúan con optimismo.

La buena noticia es que el optimismo se puede entrenar. La felicidad tiene ventajas y podemos salir a buscarlas mediante una serie de ejercicios.

### 1. El ferviente deseo

Según Achor, una de las partes que más disfrutamos de una actividad es la anticipación. El deseo de una cosa puede llegar a ser incluso más placentero que la cosa en sí, pues soñamos con ella y la posibilidad de que exista nos acelera el corazón como podía haberlo hecho la perspectiva de nuestro cumpleaños durante la infancia. Según estudios, anticipar mentalmente una actividad placentera aumenta de manera inmediata nuestros niveles de endorfinas. Esto, como he explicado en otros fragmentos, se debe a que nuestro cerebro no suele hacer diferencias entre la realidad y la fantasía en términos químicos. Este hecho abre una ventana de oportunidad: si fijamos un evento que deseemos fervientemente, cada vez que pensemos en él tendremos un golpe de endorfinas que aumentará nuestro optimismo.

### 2.- La conciencia

Vamos a jugar a la atención plena. Tener conciencia del presente nos pone un pie en la tierra y nos ayuda a tener en cuenta que somos un milagro producto de miles de millones de coincidencias. Estamos aquí y ahora, ¿por qué no celebrarlo desde el optimismo? Ten conciencia de tu cuerpo y de tus pensamientos. Son tuyos, te pertenecen, no dejes que se vayan descontrolados por la pradera del pesimismo.

### 3.- Gracias

La gratitud tiene una larga lista de beneficios positivos para la salud física y mental de las personas. Al mismo tiempo es una de las formas de entrenar el optimismo. Ser agradecido por todo lo que tenemos, por la bendición de un nuevo día, nos permite ser más optimistas hacia el futuro.

### 4.- Medita

La meditación hace que el córtex prefrontal de nuestro cerebro crezca. Adivina qué. Es allí donde se produce mayormente la emoción que llamamos felicidad. La meditación regular puede ayudar a reconfigurar las conexiones en nuestro cerebro para aumentar los niveles de felicidad, reducir el estrés y hasta reforzar nuestro sistema inmune.

En el 2011, una investigación de la universidad de Harvard estableció que con ocho semanas de meditación diaria se puede establecer un aumento en la densidad de la materia gris del hipocampo. No es necesario que medites por horas, trata de comenzar con sesiones breves.

### 5.- Registra tus emociones positivas

Los seres humanos olvidamos fácilmente las cosas buenas que nos pasan. A veces, estamos tan acostumbrados al milagro de la vida que dejamos pasar las cosas sin reparar en la belleza que hay en ellas. Creemos que nuestra vida discurre entre el aburrimiento y la rutina, adormecidos al punto en que no tenemos ojos para ver la maravilla. Te invito a que cada noche escribas algo positivo que te haya sucedido a lo largo del día. A medida que avances con lo que podemos llamar un diario del optimismo, verás que hay muchas cosas buenas sucediendo y que tener consciencia de ellas te ayudará a disfrutar de la vida desde una postura optimista.

### 6.- El deporte es alegría

Esto no lo digo yo, lo dice toda la comunidad científica. Si buscas información sobre cómo llevar una mejor vida en cualquier ámbito, siempre aparecerá por allí el ejercicio físico como una recomendación ineludible. El deporte reduce el estrés, disminuye los sintomas de depresión y ansiedad, mejora tu autoestima y te ayuda a dormir mejor ¿Hay alguna duda de por qué es bueno?

Si no tienes experiencia ni una buena condición física, puedes comenzar con pequeños actos, como caminar un poco antes de tomar el transporte público o tomar las escaleras en lugar del ascensor. Poco a poco verás cómo la práctica te permite extender tus límites.

### 7.- El dueño de tus pensamientos

Una de las características de las personas optimistas es el control sobre sus pensamientos. Esto tiene sentido: si tú decides qué es lo que vas a pensar, es menos probable que el fantasma de los pensamientos depresivos o negativos se cuele en tu cabeza. Si quieres vivir la vida con optimismo y convertirte en una persona magnética, controla tus pensamientos y cada vez que sientas que tu mente se inclina hacia lo negativo, identifícalo como si se tratase de una bandada de aves migratorias pasando delante tuyo (sí, de nuevo). Míralos y diles que no los deseas, cámbialos por ideas más productivas. El entrenamiento diario y la meditación te ayudarán a hacer esto.

### 8.- Acepta la responsabilidad

El optimismo implica desafíos, uno de ellos, quizás el más grande, es asumir nuestra responsabilidad respecto a nuestra propia vida. Nada será posible si no tomamos las riendas de nuestra vida y la dirigimos hacia el destino que deseamos. En este sentido, el optimismo es un fin y un medio, pues lograr objetivos nos ayuda a ser más felices y esa felicidad es el combustible que muchas veces necesitamos para lograr los objetivos. ¿Cómo lo logramos? Asumiendo la responsabilidad de que tenemos el control. Todo lo que se escapa de nuestro control, debe quedar por fuera de nuestras preocupaciones. Si no podemos hacer nada ¿Qué sentido tiene preocuparse?

# 10 EL PODER DE LA CREATIVIDAD

Vamos a ser honestos: a todos nos gusta estar cerca de una persona que tenga la capacidad de ver las cosas desde un ángulo diferente y que pueda decir aquello que nunca se nos hubiese ocurrido. Es una cuestión lógica: si nos rodeamos de personas demasiado similares a nosotros, el mundo parecerá uno de esos laberintos de espejos de las ferias populares en los que la imagen se repite hasta el infinito, distorsionándose en cada reflejo. La creatividad supone de por sí una forma de atracción inagotable, pues hace que la persona creativa resulte un misterio constante que queremos descifrar.

Hace algunos años apareció en mi consulta un joven angustiado por lo que él consideraba una timidez extrema que comenzaba a aislarlo de sus colegas del instituto. A medida que hablamos, este chico me comentó una serie de proyectos y fantasías que me sorprendieron gratamente: su creatividad era una fuente inagotable de ideas y su problema realmente era el miedo a exponerlas en público. A su edad, todos los chicos se comportaban de la misma manera y el que se salía de las convenciones sociales era llamado freak y apartado del resto por atreverse a vulnerar las fronteras de lo que ellos consideraban normalidad. Su situación me resultaba paradójica: este chico estaba lleno de una energía vital creadora pero quería desprenderse de ella porque a sus quince años esto implicaba convertirse en un extraño para la manada y ser apartado. Lo conversamos durante varias semanas y traté de advertirle algo importante: ir en contra de su creatividad sería un error muy grave, pues dentro de poco tiempo esa supuesta anormalidad entre sus colegas de instituto sería premiada de múltiples formas, incluyendo convertirse en un ser humano atractivo para los demás. "Calma, muchacho. Creo que lo mejor que te puedo recomendar es tener paciencia. Muchas veces uno busca la aprobación de quienes no valen la pena. Insiste en ti", le dije en nuestra última sesión. Noté que mis palabras no fueron suficientes para un chico dividido entre dos mundos: su fantástica genialidad y su deseo de encajar en un grupo.

Un año después, lo encontré junto a sus padres en el supermercado. Conversamos brevemente y me sorprendió con un saludo caluroso al que siguió un "Gracias, doctor". Me explicó que trató de tener paciencia, como le había recomendado, y sobre todo, buscó la aprobación de las personas correctas. Aquellas que apreciaban su creatividad. Encontró su espacio en el mundo y a su corta edad estaba comenzando a crear una pequeña empresa de animación digital con unos colegas. Hoy en día, este hombre maneja un cuarto de las animaciones que se hacen en los estudios de Estados Unidos y aún no ha cumplido los treinta años.

Para algunas personas, el problema es que no pueden esperar ni un segundo y tratan de acallar esa vocecita interior que les plantea nuevas formas de hacer las cosas. El sentido de pertenencia a un grupo les parece mucho más importante que innovar y esto, desafortunadamente, es una trampa del cerebro. Nuestra mente está diseñada para mantenernos al margen de problemas y la creatividad y los nuevos caminos son precisamente lo contrario. Sin embargo, adoramos a quienes se atreven a ser creativos y hacen las cosas a su estilo.

### ¿Por qué no soy creativo?

Hay un par de mentiras en este subtítulo. Sí que soy, somos, eres y serán creativos los seres del mañana. El asunto es ¿por qué no permitimos que esa creatividad sea la norma de nuestra conducta? El famoso pintor español Pablo Picasso dijo alguna vez: "todo niño es un artista. El problema es cómo mantener al artista cuando crece". Y bien, la explicación es algo que hemos vivido la mayoría de seres humanos: el miedo a no encajar en la sociedad nos obliga, como a mi paciente, a buscar formas de acallar a ese artista curioso que llevamos dentro, a ese niño capaz de tener una idea tras otra. Creemos equivocadamente que si damos rienda suelta a nuestros pensamientos más alocados seremos juzgados y considerados unos freaks, pero tengo una verdad que contarte: absolutamente todo el mundo puede ser considerado un freak cuando lo conoces. Piensa en la persona más "normal" (tomemos esta palabra con pinzas) que conozcas, la que parezca más conservadora y retraída. Indaga en su vida íntima y te sorprenderás con el universo que puede haber allí.

Pero el miedo no se limita al temor de no encajar. Con frecuencia sentimos miedo al juicio de los demás y a no gustar a todo el mundo. Hay quienes creen equivocadamente que ser creativo es gustarle a todo el mundo y esto es una contradicción. Nunca podrás gustarle a todo el mundo, seas o no seas creativo, entonces esa idea es absurda por donde la mires. Respecto al juicio de los demás, creo que es necesario que abras los ojos de una vez por todas: no puedes darte el lujo de permitir que la opinión de otros determine quién eres. Esto, por la simple razón de que ellos no tendrán que vivir en tu piel cada día y si les das este poder estarás dejando de vivir tu propia vida para vivir bajo los parámetros y creencias de otros. ¿Estás dispuesto a dejar que las opiniones, gustos, sueños y deseos ajenos se impongan por sobre los tuyos? Te tengo un pequeño recordatorio: más allá de cualquier creencia religiosa, un hecho irrefutable es que en tu forma y consciencia actual solo vivirás una vez. Cada segundo es precioso y la opinión ajena no es más que un estorbo que te quitará tiempo de vida. No dejes que ese miedo se apodere de ti, frenando tu verdadero yo. La creatividad compone una parte esencial de tu identidad. Nadie, entre los casi ocho mil millones de seres humanos que hoy habitan la tierra, piensa como tú. Entonces la solución es hacerle frente al miedo, ponerlo sobre la mesa y ver si esa pequeña cosa podrá dominar algo tan grande y potente como tu identidad. ¿Vale la pena pensar en la opinión de los demás? Quizás un poco, porque no eres un sociópata, pero no lo suficiente como para dejar que esto condicione tus capacidades de creación y expresión.

Otro de los enemigos de la creatividad es el perfeccionismo. Considerado como una virtud por algunas personas, en realidad supone una zancadilla al trabajo, pues con frecuencia sirve como excusa para no actuar ya que "no será como me lo imagino". Más vale algo imperfecto comenzado que la genialidad sin iniciar. No importa que el producto final no coincida con lo que imaginaste que sería, si no comienzas por miedo a no ser fiel a esa perfección, no podrás acercarte nunca a ella. En la mayoría de los campos, la perfección es el resultado de un proceso, el producto del fallo y error que supone intentarlo una y otra vez, si crees en la perfección, limitarás tu creatividad porque ésta también hace parte de un proceso de entrenamiento. Más vale algo hecho que en la fantasía.

## Creando creatividad

Los que creen que la creatividad es un don con el que nacen algunas personas, están muy equivocados. La creatividad, como muchas habilidades, puede entrenarse y potenciarse con algunas herramientas. Curiosamente, la creatividad tiene un efecto bola de nieve: entre más libertad te permitas para ser creativo, más creatividad tendrás a lo largo del tiempo. Algo que debes tener presente es que la creatividad es un estilo de vida, una búsqueda constante que no debe ser asociada a un trabajo puntual. Si quieres verlo de un modo religioso, la creatividad es una doctrina que requiere un cambio de mentalidad en el que te permitas la libertad de pensar por fuera de la caja.

Para ello, hay algunas recomendaciones prácticas.

### 1.- Lleva siempre una libreta

Estoy seguro de que has tenido ideas geniales y has dicho: oh, esto lo voy a recordar y desarrollar cuando regrese a casa y me siente frente al ordenador. Al cabo de un tiempo, recuerdas que tenías una idea genial, pero no recuerdas exactamente de qué se trataba y tu gran proyecto ha sido devorado por la eternidad. Esto nos pasa con frecuencia cuando tenemos sueños geniales y pensamos "debo recordarlo para contárselo a mi pareja". Al cabo de unos minutos, aquellos hechos fantásticos están acompañando a nuestra idea genial en el cielo del olvido. Por esto es que siempre llevo una libreta a mano, incluso cuando voy a dormir. Bueno, en realidad se trata de una libreta especial que guardo junto a mi cama para registrar todos mis sueños. Así la llamo: la libreta de los sueños. Tengo casi veinte años de sueños guardados y cada que la leo puedo revivir cosas que han cruzado por mi mente cuando dormía.

Anotar las cosas nos ayuda no solo a registrarlas sino que también sirve para desarrollar las ideas. Un amigo de infancia es escritor profesional y una de sus estrategias de trabajo es escribir aun cuando no tiene idea alguna de lo que quiere escribir. Dice que al escribir algunas palabras sueltas respecto a lo que ve por la ventana, sus dedos siguen escribiendo y su cabeza encuentra algún camino que lo lleva a ideas que le resultan interesantes y al cabo de unos minutos, se encuentra frente a un texto del cual puede extraer varios párrafos en limpio. No suele borrar nada, pues alguna vez me explicó que incluso las malas ideas pueden ser la semilla de una genialidad.

## 2.- Jugar no es malo

Los juegos de consola sobre matar marcianos no son un gran aporte intelectual y han logrado crear un duro prejuicio en contra de todos los juegos a nivel general, sin embargo, un estudio de la Universidad de Michigan ha demostrado que los juegos mentales como los crucigramas, los sudokus o el ajedrez pueden ayudarte a desarrollar tu creatividad porque constituyen un constante reto y te impulsan a producir nuevas ideas porque plantean problemas que se resuelven con creatividad.

## 3.- Trata de no tener días iguales

Estudios neurológicos han demostrado que una de las formas de producir nuevas rutas neuronales es hacer cosas distintas cada día. Esto es tan simple como tomar un camino distinto en nuestros recorridos diarios. La información nueva estimula al cerebro y te hace más creativo. Y es que si lo miras desde un sentido lógico, no hay peor amigo de la creatividad que la rutina.

Caer en la rutina mental resulta fatal para la creatividad. Los neurólogos recomiendan que tengamos días muy distintos, así estimulamos la actividad cerebral y la creatividad. Incluso, si queremos ver el asunto desde un campo práctico, hacer cosas distintas nos mantendrá alerta y estimulados, recibiendo constantemente nueva información que alimentará nuestra creatividad. Al final, una de las formas de entender la creatividad se basa precisamente en hacer cosas distintas. Mañana, de camino al trabajo, ensaya un camino diferente, quizás te tome un par de minutos adicionales, pero será recompensado con lo que puede ser el comienzo de una nueva aventura.

## 4.- Roba

No se trata de un consejo delictivo, se trata de una recomendación de artistas. Y no de cualquiera: Picasso tenía una frase polémica que decía "Los artistas copian; los genios roban". Esto básicamente quiere decir que tomes todo lo que puedas del exterior, de cualquier forma, tu interpretación lo hará distinto. Con frecuencia se habla de las cosas originales solo porque desconocemos su origen. Esto se vivió durante los primeros años del internet. Muchas personas eran considerados genios por su entorno porque hacían cosas que resultaban increíbles cuando lo cierto es que solo tenían una buena conexión a internet y una mente curiosa que los hacía descubrir miles de contenidos que sus asombrados colegas desconocían. No tengas miedo de apropiarte de lo que te gusta, por el contrario, tómalo y mejóralo.

La creatividad no se trata de descubrir antes que nadie una determinada forma, se trata de tu manera de interpretar los grandes temas que la humanidad ha abordado desde el origen de nuestra civilización.

### 5.- Música nueva

Una fuente de estímulos inagotables es la música. Pero una mejor fuente es la música que no has escuchado, esa que te soprende, la que no puedes predecir y que a cada curva te enseña algo nuevo. Con frecuencia, las personas van cerrando su colección musical a medida que envejecen. Al decir esto no puedo evitar pensar en mi padre, un hombre que cerró para siempre su caja musical el 31 de diciembre de 1969. Todo lo demás le parecía demasiado ruidoso o poco profundo. Si te comportas como él, estarás atentando directamente contra tu capacidad creativa.

### 6.- Los momento de creatividad

Si trabajas en el mundo del arte o tienes un hobby relacionado con cualquier campo artístico, es probable que hayas notado que la creatividad tiene momentos del día. O mejor dicho: que el día tiene momentos de creatividad y que es necesario que te encuentren trabajando. En esto, cada persona suele tener su momento predilecto para crear, pero yo recomiendo personalmente la primera hora de la mañana. Después de un buen sueño reparador, tu cabeza está lúcida y fresca y las ideas fluyen por ella más libremente.

En términos generales, a medida que avanza la jornada se acumula la fatiga, por lo que te resultará más difícil hacer un trabajo intelectual intenso. Es por eso que yo recomiendo usar las primeras horas del día, entre las 7 y 10 de la mañana.

Algo similar sucede con el trabajo no creativo: según un estudio elaborado sobre trabajadores japoneses y publicado por la BBC de Londres, las horas de la mañana son las mejores para absorber el estrés, por lo que se recomienda iniciar la jornada laboral abordando las tareas más complicadas.

### 7.- Dulces sueños

Para seguir en la defensa corporativa de las mañanas voy a tomar un dato científico: un estudio de la Universidad de Michigan estableció a mediados de los años 80s que el sueño reparador -de más de siete horas- para un adulto es uno de los mecanismos de reactivación neuronal. Aquello de no dormir y pasar noches en vela es una romantización sin sentido. Descansar es una forma de desarrollar la creatividad y de mantener una buena salud neuronal. Cuando duermes se reduce tu nivel de estrés y tu mente consciente abraza a la subconsciente, fortaleciendo la conexión entre tus ideas.

Según la revista National Geographic, en un estudio reciente los sujetos que tomaron siestas habituales con sueño MOR (fase en la que los sueños son más intensos) obtuvieron mejores resultados en problemas sintácticos basados en la creatividad. Es decir, el sueño profundo o con MOR (movimientos oculares rápidos), ayudó a las personas a combinar sus ideas de forma novedosa.

### 8.- Cerrar sesión

Me cuesta pensar entre mis conocidos a alguna persona que no trabaje directamente con un ordenador. Si le doy un par de vueltas, puedo encontrar alguno y, oh sorpresa, se trata del hijo de mi hermana, que es pintor. ¿Casualidad? No lo creo.

Pasamos horas y horas sentados frente a una pantalla y muchas de estas las dedicamos a navegar interminablemente por redes sociales diseñadas para crearnos sensaciones de frustración e insuficiencia. Recuerda: las redes sociales están pensadas para que algo te falte y el tiempo que pasas en ellas no solo es perdido, es nocivo.

No puedo negar que internet es un invento genial que revolucionó la forma en que nos comunicamos, el problema radica en el uso que le damos. La mayoría lo emplea como un mecanismo para canalizar la ansiedad, navegando automáticamente por los mismos sitios una y otra vez.

Es indudable que estar conectado a internet posee grandes beneficios para los creativos, ya que puedes documentarte sobre un tema, buscar la inspiración o entretenerte. Pero conviene vivir también en el mundo offline.

Las fuentes de creatividad más potentes suelen estar en la naturaleza. Está comprobado científicamente que un paseo puede ayudarte a generar nuevas conexiones neuronales. Apaga el ordenador, levántate y da un paseo.

### 9.- Sexo de ideas

Este concepto fue creado por el pensador James Altucher y se trata básicamente de relacionar dos ideas que no tienen ninguna relación entre sí. Hay que buscar conexiones entre dos conceptos que en apariencia no comparten nada, pero que a la larga pueden ayudarte a crear cosas nuevas. Algo de esto se usa en los talleres de escritura creativa. Los profesores suelen pedir a sus alumnos que les digan diez sujetos, diez verbos y diez predicados y después los relacionen azarosamente.

### 10.- Desafíate

Como habrás visto, una de las lecciones más importantes para ser una persona magnética, la famosa persona vitamina, es que debes salir de tu zona de confort. Nada bueno hay en mantenerse en un espacio de comodidad que no te ayuda a crecer. Si quieres mirar la historia del progreso de la humanidad encontrarás grandes ejemplos de desafíos con resultados increíbles. El único fracaso es no intentarlo, eso lo sabemos todos. Solo desafiándonos alcanzaremos metas. Porque la inanición solo trae rutina y repetición. Tu cerebro y tu creatividad mejoran cuando te planteas retos.

# 11 VAMOS A REÍRNOS UN RATO

Me gustaría que pensaras por un segundo en las personas que te resultan increíblemente atractivas sin entrar en un campo sexual, aquellas con quienes quieres pasar tu tiempo libre simplemente porque con ellos la vida resulta una experiencia fuera de lo conocido. Ahora que las tienes en mente, es probable que lo que tienes en el rostro sea una sonrisa. O al menos un atisbo de sonrisa. Esto sucede porque los asocias a la alegría y felicidad que te producen. Y buena parte de esto se debe a que son personas graciosas.

Hace algunos años, un estudio de la Universidad de Viena estableció el estrecho vínculo entre el humor, la inteligencia y la atracción que sentimos por algunas personas. Según el análisis, las personas que nos hacen reír constantemente nos generan una sensación de bienestar y tranquilidad que hace que queramos compartir nuestro tiempo con ellas, por eso, si quieres convertirte en una persona magnética, el humor es una herramienta fundamental.

Aunque muchas personas consideran que la comedia es un don natural con el que nacen algunas personas, esto no es del todo cierto. Se trata de un proceso que se puede entrenar y que con frecuencia está asociado a culturas determinadas. El humor de los españoles no es el mismo que el de los japoneses, ni es ésta última una sociedad en la que imperen las risas. Pero más allá de las diferencias culturales, hay ciertos pasos que nos pueden ayudar a ser más graciosos.

¿Qué es lo que nos hace reír? Un estudio del departamento de Antropología de la Universidad de Brown estableció que hay tres cosas fundamentales que nos hacen reír: el sentirse superior a otro que parece "menos hábil" que nosotros; la diferencia entre lo que esperamos que suceda y lo que realmente sucede; o la liberación de una ansiedad. Esto, claro está, es bastante amplio y genérico, pero sienta un buen punto de partida para tener claro el origen de la risa.

Me gustaría rescatar el trabajo de la investigadora del comportamiento Vanessa Van Edwards, quien estudió el tema y analizó el trabajo de varios cómicos famosos para encontrar los mejores trucos para mejorar el sentido del humor.

### Lo inesperado

Según Van Edwards, la respuesta inesperada es un camino corto al humor porque sorprende. Si alguien te pregunta una cosa cuya respuesta es solo sí o no, responder "zapato" hará que esa persona quede fuera de lugar inicialmente, aun cuando después le des la respuesta que esperaba, habrá funcionado para despertar su risa. Esto, sin embargo, solo funciona si lo que se espera es concreto, pues si hay espacio para la ambigüedad, "zapato" quizás no será gracioso.

### El giro de protagonista

Este es un clásico y en lo personal lo he usado con frecuencia. Se trata de cambiar al protagonista supuesto de una conversación. Daré un ejemplo para que se entienda mejor: hace unos días hablaba con mi hermana al teléfono cuando escuché en el fondo a mi pequeño sobrino Mattias de cuatro años jugando. Le dije entonces: "veo que estás con el niño" y me dijo que sí. Entonces agregué: "Y con Mattias también", dando a entender que el "niño" era su esposo. Este truco funciona siempre y si buscas en internet las entrevistas con comediantes famosos lo encontrarás dentro de sus principales recomendaciones.

### Las anécdotas como camino

Ser gracioso no quiere decir que tengas que tener un largo repertorio de chistes o que cada tanto debas contar un chiste a tu audiencia. Ser gracioso tiene más relación con lo que pasa a nuestro alrededor y con saber encontrarle el lado cómico. Un camino habitual para esto es usar nuestras experiencias y vivencias con sentido humorístico. Esto también lo hacen grandes comediantes con aquello de "cuando venía para acá…" como muletilla para iniciar el recuento de una anécdota. Cuando cuentes tus historias, exagera desmedidamente al punto de que sea obvio que estás exagerando y no mintiendo.

El relato de una anécdota tiene además la ventaja de que dominas la historia y no te pondrás nervioso al contarla, pues sabes exactamente lo que pasó.

### ¿Qué es gracioso?

No todas las personas nos reímos de las mismas cosas, pero hay cierta convención sobre lo que se supone gracioso. En este sentido, una estrategia para resultar gracioso es pensar en qué nos resulta gracioso a nosotros mismos. Más allá de las convenciones sociales y el aprendizaje cultural, las neuronas espejo juegan un rol fundamental en la risa colectiva. Porque está claro que el comienzo del camino para ser más gracioso es que lo que cuentes te resulte gracioso a ti. Las neuronas espejo son las denominadas "células de la empatía" y hacen que compartamos las emociones de los demás. ¿No has notado lo contagioso que es el estado de ánimo de los que te rodean? Si pasas el día con alguien amargado, es probable que después de un tiempo también te sientas amargado y lo mismo sucede con la gente que se ríe, nos suele contagiar el ánimo y no hará reír. Esto explica por ejemplo que los programas de comedia usen el sonido de risas grabadas cuando el guión tiene un chiste. Es más, con estas risas a veces las personas terminan riendo aun cuando el chiste en cuestión no les hace mucha gracia.

### ¿Para qué sirve el buen humor?

Esta pregunta parece una obviedad, pues la mayoría de los seres humanos sabemos lo agradable que es vivir de buen humor, aún cuando no todos lo consigamos. Sin embargo, para eso escépticos de las sonrisas, para aquellos que dudan del poder de las carcajadas, quiero hablar un poco de los beneficios de vivir con un buen sentido del humor.

No voy a perder tiempo en recordarte el tipo de sociedad en la que vivimos. Tú lo sabes perfectamente y sabrás también que no tienes grandes herramientas para modificarla. Si es así, solo te queda una opción: al mal tiempo buena cara. El buen humor te ayudará a reducir tus niveles de cortisol, conocida como la hormona del estrés.

Un estudio de la Universidad de Stanford en Estados Unidos demostró que la risa y el buen humor mejoran la salud cerebral y fortalecen el sistema inmune, del mismo modo que aumentan la productividad en el trabajo.

Según la investigación, reír ejercita diferentes regiones del cerebro, especialmente en la zona de la amígdala y el tálamo.

La memoria, la atención y el aprendizaje también se ven beneficiados por la risa: al reducir la producción de cortisol, aumenta la capacidad de concentración de las personas.

Por otro lado están las famosas endorfinas, sustancias endógenas del cerebro que nos generan la sensación de placer. Así, reír nos producirá una sensación de bienestar general que podría incluso colaborar en terapias paliativas del dolor. Aquello de Patch Adams no era solo un argumento de Hollywood.

El proceso de la risa aumenta también la producción de oxitocina, conocida coloquialmente como "hormona del amor". Así, al reír estamos generando químicos que aparecen en actividades como el sexo, el ejercicio o la meditación. En la psicología clínica se ha demostrado que la oxitocina potencia nuestra confianza y autoestima.

El humor juega un papel fundamental en la atracción. Al ser un generador de endorfinas y serotonina, los deseados neuroquímicos del bienestar, el humor se convierte en un factor de deseo por las personas: si una persona hace reír a los demás, es probable que en poco tiempo se convierta en un objeto de deseo.

# 12 LOS HERMOSOS DETALLES

Las personas más poderosas que he conocido a lo largo de mi vida compartían un valor superior que me gustaría compartir con ustedes. Todos ellos tenían la hermosa capacidad de vivir sus relaciones personales desde el mundo de los detalles. Voy a recordar a un gran amigo, el doctor Phill Donaway. Este hombre tenía la capacidad de recordar todos los hechos que eran relevantes en mi vida y creo que su grandísima memoria es en buena parte la responsable de que sumemos décadas de una sólida amistad. Lo conocí durante mis años como estudiante y coincidimos en una materia electiva sobre filosofía clásica. Nada relacionado estrechamente con nuestras carreras pero que hacía parte de un gusto por la antigua Grecia que ambos compartimos. Por entonces, Katty mi esposa, estaba embarazada de nuestra primera hija y yo no acudía a muchas de las fiestas que se hacían en la facultad. Mi responsabilidad como novio y futuro padre me impulsaba a quedarme en el pequeño departamento que compartíamos, leyendo un libro o simplemente conversando con Katty. El día del nacimiento de mi hija, Phill fue la primera persona en llamarme por teléfono y preguntar: "¿Cómo ha ido todo? ¿Cómo están Katty y tu hija?". Después de intercambiar un par de palabras me preguntó si era pertinente que visitara el hospital. Acordamos que sería mejor que viniera al día siguiente, así mi pareja podría descansar. Efectivamente, el día siguiente apareció en el hospital con una cesta con ropa para mi bebé, un volumen de los Diálogos de Platón en una hermosa edición y un pequeño cuaderno hecho a mano que ofreció a Katty: eran las instrucciones para cuidar a un bebé que había reunido desde que se enteró que seríamos padres. Me asombró que un hombre de poco más de veinte años tuviera ese nivel de compromiso con nuestra amistad. Pero la vida me depararía cientos de otros ejemplos de su parte de lo que se trata ser detallista. Con frecuencia hablamos de algún tema que nos resulta interesante y a las semanas me encuentro un paquete en mi consulta con una pequeña nota. Se trata del libro o algún material relacionado con nuestra charla. De más está decir que este hombre no ha olvidado nunca un cumpleaños de mi familia en más de treinta años. Hoy esto no parece un mérito, pués redes sociales como Facebook suelen recordarnos que debemos felicitar a tal amigo. Pero la gente de mi generación recordará muy bien que hasta hace unos años solo tus familiares cercanos recordaban con certeza este tipo de cosas.

Las personas detallistas son sujetos agradables y todos queremos al menos uno de ellos en nuestras vidas. Ya sea como pareja o amigo. La razón es muy sencilla. Cuando alguien tiene un detalle contigo, ya sea recordando fechas especiales para ti o tus gustos, te hace sentir importante y querido. Te hace sentir que alguien en el mundo piensa en ti. Y esa es una expresión de empatía muy fuerte.

Antes de avanzar en este punto, me gustaría recordarte que los detalles no equivalen al amor y cariño que una persona pueda sentir por ti. Los códigos de expresión del amor son tantos y tan variados que no podemos medir el nivel de estima que nos tienen por estas actitudes. Mi padre guardaba en su corazón un inmenso amor por mi madre y eso no le impidió olvidar alguno de sus cumpleaños. Imagino que estarás pensando en alguien igual. Entonces no te dejes engañar: los detalles no son un sinónimo de amor, pero todos queremos a las personas detallistas porque nos hacen sentir especiales.

Muchas personas dicen perder su capacidad para tener detalles con los demás a medida que se hacen mayores. Y es que tener ese cuidado requiere tiempo y dedicación y una mente despejada. La multitarea nos centra en resolver todo tipo de problemas diarios, que al final tampoco resuelves. Porque ya sabemos que la clave de la eficacia es hacer una cosa a la vez. Pero la prisa, la multifunción, el trabajo y el ritmo de vida que tenemos nos alejan de estar en el aquí y en el ahora, en centrarnos en "perder" tiempo pensando en el otro, en dedicarle unas palabras o un envoltorio de regalo cuidado y bonito. Esos detalles en los que, cuando tienes responsabilidades y prisas, parece que no puedas invertir tiempo para llevarlos a cabo.

Algunos consejos prácticos:

### El poder de la palabra

Mira, esto de ser detallista puede ser muy simple si estás dispuesto a abrir tu corazón. ¿Cuándo fue la última vez que le escribiste a tus amigos una palabra linda sin razón alguna? ¿Qué te impide hacerlo? Con frecuencia vivimos bajo la dictadura del temor al ridículo. Creemos que no debemos hacer o decir cosas porque podrían pensar mal de nosotros. Olvídalo. Ser detallista se trata de ser tú mismo y de decir lo que piensas de las personas que quieres. Envía correos, o mejor aún, manda cartas. No tienen que ser declaraciones de amor, basta con dos palabras para que una persona se sienta querida.

### El interés genuino

Para ser detallista debes querer a las personas y mostrar un interés genuino por ellas. Esto quiere decir que te importan de verdad y que todo lo que les suceda despertará tu empatía. No se trata de esperar una enfermedad o una buena noticia para hacer esa llamada, simplemente se trata de interesarte por ellos, de saber cómo están si ha pasado algún tiempo desde la última vez que conversaste con ellos. Es simple, pero llamar o escribir a las personas que estimas, te hará detallista y querible.

### Guarda las fechas

Hoy en día, recordar un cumpleaños no tiene casi mérito. Las redes sociales nos notifican para que creamos que estamos acompañados, pero ¿qué pasaría si alguien recuerda el día en que murió tu madre y te envía un caluroso saludo? Estoy seguro de que pensarías en esa persona con una sonrisa en el rostro. Hay muchas fechas importantes para las personas que quieres más allá de su cumpleaños. Una de mis amigas más queridas suele llamarme cada 31 de octubre para decirme: "Hey, hoy cumplimos tantos años de amistad, ¿lo celebramos?". Con el tiempo he llegado a pensar que el día que no reciba esa llamada será porque algo grave ha pasado. Trata de hacer que las cosas parezcan naturales, pues no es una tarea de trabajo y si tu entorno se da cuenta que lo haces como un mérito para ser recordado, parecerá un poco impostado.

### Haz regalos diferentes

Si eres de los que regala el libro de moda, déjame decirte que estás recorriendo el aburrido camino de la obviedad. Está bien que tu madre te regale ropa interior porque es útil y práctica, pero estoy seguro que recordarás con mucho más cariño el día en que te regaló algo que no esperabas para nada. Para esto, debes pensar en qué es lo que realmente le gusta a una persona. No se trata de lo que obviamente está asociado a él, como un libro si es periodista o un pincel si se dedica a la pintura. Hay gustos que van más allá, para eso debes conocer a las personas.

No se trata de regalos caros, se trata de que sean significativos. Hace unos años leí una historia de una empresa que en lugar de regalar bolígrafos con su marca y logo, regalaba bolígrafo con el nombre de cada cliente.

### Agradecimiento

Si quieres ser recordado de mala manera, actúa de forma interesada y malagradecida. Es probable que a lo largo de tu vida te hayas encontrado con alguien así. En mi juventud conocí a un chico con el que creí haber desarrollado una hermosa amistad. Con tristeza, al poco tiempo me di cuenta que él solo quería beneficiarse de las pocas cosas que tenía mi familia y cuando conoció a otras personas con más dinero, dejó de buscarme y nunca agradeció las cosas que hicimos por él.

Dar las gracias es un ejercicio espiritual. Se ha comprobado científicamente que disminuye la presión arterial, fortalece tu sistema inmunológico, te hace una persona optimista y feliz. Ser agradecido con quienes te han ayudado también te hará un ser positivo con buenas relaciones sociales. Y, sin duda, te hará ser querido.

# 13 EL SENTIDO DE LA JUSTICIA

No quiero entrar en el debate filosófico sobre qué quiere decir la justicia, todos compartimos una base común sobre el concepto de justicia que voy a resumir como un valor moral que nos impulsa a actuar con la verdad como copiloto y entregando a cada ser lo que le pertenece y corresponde. Para algunos es un valor democrático y está sin duda ligado al concepto de bien común. En pocas palabras, ser justo es actuar correctamente, tratando a todos como esperarías que te traten. Esto, claro, incluye el trato que debe recibir alguien cuando comete una falta. Porque ser justo es reconocer nuestros errores y aceptar sus consecuencias.

Es por esto que ser una persona justa no es sencillo. Cada día cometemos injusticias, muchas de ellas sin darnos cuenta y lastimamos a nuestro entorno. Ya lo decía el escritor Victor Hugo: "Ser bueno es fácil; lo difícil es ser justo". Porque la vida está llena de injusticias. Basta con caminar por las calles de una ciudad cualquiera. Vemos pobreza en medio de una riqueza absurda, vemos hambre frente al desperdicio de comida. Como dato: los seres humanos desperdiciamos el 48 % de los alimentos que producimos.

Aprender a actuar con justicia es un valor fundamental en una persona vitamina. Esto porque supone que puedes confiar en ella y en su criterio, aún cuando su veredicto no te resulte favorable. Siempre sabrás que un ser justo actúa con verdad y ecuanimidad. No se trata de dividir las cosas absurdamente como en la anécdota del rey Salomón, que cuenta que dos madres se presentaron ante él con dos niños. Uno de ellos, muerto. Ambas se disputaban al vivo, declarándose su madre legítima. El rey ordenó que dividieran en dos al niño vivo y dieran la mitad a cada una. La auténtica, conmovida, renunció a él.

La justicia es un sentido de correspondencia y por ello debemos procurar acercarnos a ésta, aún cuando nos afecte. Una situación trivial suele darse en las comidas familiares. A la hora de repartir la cena, suele haber conflictos por el tamaño de las porciones del postre. Suena irrelevante, pero puede ser el reflejo de una personalidad. Alguien con un sentido de la justicia elegirá el más pequeño a la espera de que los otros le compartan un poco del suyo y así equilibrar las cosas. Si por azar, la porción más grande llegó delante de un justo, éste ofrecerá una parte. Este ejemplo simple puede llevarse al campo laboral e incluso al sentimental.

Una pregunta que la humanidad se hace desde hace miles de años tiene que ver con el hecho de que la justicia sea una interpretación social o sea única para todos los grupos sociales del planeta. ¿Podemos hablar de que lo justo puede ser relativo? Es importante entender que el sentido de la justicia apela a un supuesto compartido por todas las personas. Sin embargo, hay quienes defienden que existe cierta relatividad en el concepto, toda vez que cada palabra es solo una aproximación a las cosas. El fonema "casa" trae una imagen mental distinta para todos los seres humanos, aún cuando todos entiendan que se trata de una construcción usada para vivir. Si llevamos esta idea a la justicia, podemos jugar con la posibilidad de que alguien defenderá su comportamiento como justo ya que así entiende este concepto. Pero no nos engañemos, estos malabares son precisamente la clase de actitudes de las personas despreciables, pues la justicia siempre será cuidadosa del otro.

Por otro lado, tenemos que aceptar el riesgo que conlleva actuar con un sentido de justicia. La base de muchas relaciones es la reciprocidad y allí podemos encontrar un parentesco con la justicia, pero hay una delgada línea: no puedes dejar de ser justo porque una persona no lo fue contigo. Si actúas de esta manera, estarás basando tu conducta en la correspondencia y no en la justicia, por lo que tendrás una forma distinta de ser con cada persona, según sean ellos contigo. Así, tu conducta será un espejo y estará condicionada por los demás, de alguna forma serás un esclavo. En este sentido, no debes desperdiciar tu tiempo comparando lo que haces con lo que hace el otro porque convertirás tus relaciones en una balanza interminable que no te dejará disfrutar del presente con plenitud y que, sin duda, te generará un malestar constante. Es cierto que es difícil hacer justicia a quien nos ha ofendido. Por eso mismo es difícil llevar la ecuanimidad como estandarte.

El físico alemán Albert Einstein dijo alguna vez "Qué triste época la nuestra, es más fácil desintegrar un átomo que un prejuicio". ¿Te has preguntado últimamente cuál de tus prejuicios está más arraigado? Es probable que no lo hayas hecho y, aún más probable, seguro tampoco lo sabes. Por eso es un prejuicio: crees que tienes la razón sobre un asunto sin ponerlo a prueba. El padre de un amigo de la escuela era tremendamente homofóbico y no paraba de hablar en contra del colectivo LGBT a la menor oportunidad. El tipo usaba los clásicos argumentos sin mucho fondo respecto a lo "natural" y la moral y las buenas costumbres. Según este hombre, los homosexuales eran "degenerados" que debían ser recluidos en sanatorios por no "comportarse como personas de bien" y tener "trastornos". Desconozco si tú, amigo lector, compartes esas absurdas ideas respecto a una comunidad que tiene el derecho de ser tratada desde la igualdad y el respeto como cualquier otra. El caso es que mi amigo decidió que estaba harto de su padre y sus prejuicios y organizó una cena en su casa a la que invitó a uno de sus compañeros de trabajo que era homosexual. La cena se desarrolló entre vinos y un ambiente maravilloso, el padre reía a cada chiste del compañero de trabajo de su hijo, un hombre simpatiquísimo a quien conocí años más tarde. Cuando todos los invitados se marcharon, el padre de mi amigo le dijo que su compañero de trabajo era el hombre más agradable que había conocido en mucho tiempo. "Deberías invitarlo más a menudo, es una delicia conocer personas como él", le dijo. Mi amigo estaba esperando esas palabras para aplicar la lección y no desperdició la oportunidad. Le dijo a su padre que quizás la próxima cena lo invitaría junto a su novio, un tipo igualmente agradable. El rostro de su padre mostró extrañeza y lo corrigió: "a su novia, querrás decir". "No, su novio, comparte un piso con un abogado de Massachusetts". Su padre se quedó de una pieza. No podía creer lo que estaba escuchando. Se sentó nuevamente con la cara descompuesta y después de un tenso silencio dijo que no podía creer la situación. "Pero si es tan simpático…" dijo moviendo la cabeza, como decepcionado de algo. "Supongo que he sido un imbécil", concluyó después. Mi amigo le dijo que por primera vez no podía contradecirlo. "Siempre he pensado en los homosexuales como enfermos y resulta que el enfermo soy yo", dijo el hombre. Después de una larga conversación sobre los prejuicios, el hombre pareció entender finalmente lo absurdo que es tener una idea sobre algo desde la distancia. Es triste cuando la bruma de los demás nos impide ver el paisaje propio. Los prejuicios son, en cualquier caso, el absurdo ejercicio de creer que conocemos algo porque hemos escuchado a otros opinar sobre esto.

## La injusticia del mundo

El sentido de justicia está obviamente relacionado con la injusticia. De esto me gustaría hablar ahora. Desde nuestro nacimiento estamos expuestos a lo que podríamos considerar una injusticia: ¿por qué nací en un país pobre y no en uno rico? ¿Por qué mi familia no posee los bienes de mi vecino? Crecemos con una sensación de injusticia porque de alguna forma vamos comparando las situaciones de la vida y llegamos a la conclusión tan ampliamente conocida sobre que "la vida no es justa". Y eso es un hecho incontrastable: ¿por qué debe morir un pequeño ciervo en los dientes de un león? ¿Por qué un hombre debe recorrer diez kilómetros al día para buscar agua para su familia? Muchas preguntas que solo tienen una respuesta: injusticia. Ahora que está servido el plato, que conocemos las condiciones ¿tiene algún sentido vivir enfrascados en esto?

Me gustaría traer a colación la famosa "Plegaria de la serenidad", que se le atribuye al teólogo y escritor estadounidense de Reinhold Niebuhr:

"Señor, concédeme serenidad para aceptar todo aquello que no puedo cambiar,
valor para cambiar lo que soy capaz de cambiar
y sabiduría para entender la diferencia".

Vivir con una sensación de injusticia nos convierte en seres incómodos. Además de obvios, claro está. ¿O acaso crees que eres el único que ha notado lo injusto que es que un niño padezca una horrible enfermedad? No quiero decir que debas aceptar las injusticias revertibles, solo intento explicar que todo aquello que no podemos cambiar es un ruido de fondo que debemos aceptar como el contexto en el que nos tocó vivir y hace parte de esta maravillosa experiencia. Llamémoslo "las reglas del juego". Son cosas que debes aceptar y no vivir en la queja constante porque eso solo te hará desgraciado. Y un poco insoportable, sin duda. Piensa en las personas a tu alrededor. Es probable que conozcas a alguien que vive su vida atormentado por situaciones que considera injustas y que no puede cambiar. Estoy seguro de que no aprecias este rasgo de su personalidad.

Para abordar esto, te recomiendo que cuando sientas este tipo de frustración te hagas la pregunta del millón: ¿tengo alguna influencia en lo que me molesta? ¿Lo puedo cambiar? Si no es así, a volar paloma, que quedarte atorado en situaciones sin remedio es una pérdida de tiempo y energía.

Muchas veces, el sentimiento de injusticia es producto de la comparación con otras personas. Algunas personas suelen creer que el universo no ha sido justo con ellos al dar más recursos a su vecino. Hay una pequeña revelación para ellos: al universo no le importas en absoluto y las razones que explican la condición de su vecino pueden ser muy distintas. Todos los seres humanos somos distintos, por lo que el hecho de compararnos solo tendrá un resultado negativo. No se trata de justicia o injusticia, se trata de diferencias y de entender que lo que ves es solo una parte de la vida de los otros. Pero sobre todo se trata de saber que no tiene ningún sentido vivir una vida en comparación con otros, pues esto supone vivir una vida ajena. ¿De verdad quieres esto para ti?

Se suele creer que lo malo que nos sucede es producto de las injusticias de la vida y en esto me gustaría recordar un graffiti de mi juventud: "Las cosas pasan por algo, por tonto por ejemplo". Chiste aparte, es importante no perder de vista que somos los dueños de nuestro destino y que aquel sentimiento de injusticia tiene que ver con que no nos gusta lo que nos ha sucedido, pero ese sentimiento no cambiará las cosas. Lo único que las cambia es el trabajo, la dedicación y la constancia. A levantarse.

# 14 EL VALOR DE LA PALABRA

Cuando cumplí treinta años, recibí una sorpresa extraordinaria. Mi gran amiga Julia, a quien conocí cuando teníamos cinco años, apareció en mi casa después de una larga temporada sin saber de ella. Su presencia era de por sí una hermosa sorpresa, pero las cosas se pusieron mucho más interesantes después de los abrazos y las preguntas sobre nuestras vidas. Durante la cena me preguntó "Bien Bill, ¿sabes por qué estoy acá?". Por supuesto, yo suponía que lo sabía: era mi cumpleaños y después de más de doce años sin vernos, mi amiga había decidido darme una agradable sorpresa. "Claro, para compartir conmigo una botella de vino y celebrar mi cumpleaños", le dije entre risas. "¿Estás seguro? Creo que te falla un poco la memoria. Pero yo te voy a ayudar", me dijo de manera intrigante y de su bolso sacó un sobre que me resultaba familiar. Con una letra infantil, estaba escrito en él: "Top Secret" y "No abrir". Me lo entregó y dijo: "Bien, ahora verás". El papel parecía ajado, amarillento. En su interior había una hoja de papel en la que la misma letra de niño escribió a modo de título: "Contrato de amistad eterna". A continuación, el texto decía: "Yo, Julia Isackson, declaro que seré amiga por toda la vida de Bill Waits, sin importar lo que suceda. Con este contrato me comprometo a celebrar juntos cuando sea viejo y cumpla 30 años. Y para que esto sea real, los dos firmamos este documento". Abajo de esta tierna letra aparecían dos garabatos abstractos que hacían las veces de firmas. No lo podía creer. Sin poder contenerlo, dos goterones se asomaron por mis ojos y rodaron por mis mejillas. Claro, ahora lo recordaba: la casa del árbol, los veranos en el jardín de su casa donde su padre nos instalaba una pequeña piscina plástica, los mosquitos y los helados… oh Dios, eran tantas cosas juntas. Julia era una persona de palabra. Una persona que cumplía sus promesas y ahí estaba, delante mío para comprobarlo. Claramente, mi cariño por aquella mujer no nació ese día, pero sí reforzó las razones por las cuáles nos habíamos convertido en grandes amigos. Se trata de una persona que siempre tendrá una mágica correspondencia entre las cosas que dice y las cosas que hace. Eso es, sin duda, magnético.

¿Se puede cultivar el compromiso con la palabra? Claro que sí. Es cierto que hay personas que llevan actuando en esa forma desde hace muchos años, por lo que hoy en día les resulta relativamente sencillo actuar con coherencia, pero te aseguro que nunca es tarde para comenzar a crear el hábito de respaldar nuestros dichos con hechos.

No soy un tipo especialmente religioso, pero la Biblia es un libro espectacular. En mis terapias conductuales suelo citarle a mis pacientes un pasaje del evangelio según San Juan en el que dice: "En el principio existía el Verbo, y el Verbo estaba junto a Dios, y el Verbo era Dios. Él estaba en el principio junto a Dios. Por medio de él se hizo todo, y sin él no se hizo nada de cuanto se ha hecho. En él estaba la vida, y la vida era la luz de los hombres". Este fragmento me parece un hermoso recordatorio del poder de la palabra a todo nivel: las palabras construyen y destruyen, las palabras son el principio de la vida humana y de nuestra interpretación del universo. Así mismo, las palabras son el comienzo de un hábito o de un rasgo de personalidad. Nuestro discurso interior está hecho de palabras que dan sentido a nuestra conducta. Por eso, el primer paso para fortalecer nuestra coherencia es percibir nuestras palabras de otra manera. Debemos entender que un compromiso o una promesa es inquebrantable. No se trata de un quizás, se trata de un sí. Si entendemos el valor de la palabra empeñada, seremos fieles a ella. Para ello hay que percibir los compromisos como un contrato inviolable

Una de las formas de hacer que tu percepción sobre tus compromisos sea la de un contrato imposible de romper es escribirlos en un cuaderno. Si llevas una especie de "diario de compromisos" tendrás un registro de ellos y el mismo hecho de escribirlos hará que los interpretes como algo sagrado. Está comprobado que dejar algo por escrito hace que nuestra mente lo recuerde con mayor facilidad y lo considere más importante que todo aquello que simplemente dejamos en nuestra memoria. Nuestro cerebro funciona mediante códigos y refuerzos, lo simbólico juega un papel fundamental en la interpretación que tenemos del universo, por ello, te recomiendo que guardes tu diario de compromisos en un lugar "sagrado" de tu hogar. Todos tenemos rincones en donde guardamos nuestros documentos importantes, el pasaporte, la escritura de la casa o las fotos de nuestra boda. Bien, allí es donde debe estar tu diario de compromisos, te aseguro que de esta forma comenzarás a considerar que lo que allí está escrito es sagrado y debe cumplirse como un contrato.

### Plazo

Los compromisos no tienen sentido sin un marco temporal en el cual se deben llevar a cabo. De nada sirve decir que voy a dejar de fumar si no inscribo este contrato verbal en un tiempo y plazo que le dé sentido. ¿Cuándo voy a dejar de fumar? ¿Hoy, mañana, en un año, al cabo de una década? A la hora de establecer un compromiso debes poner plazos que le den sentido. Pero ojo, sé realista con los tiempos. No puedes decir que vas a adelgazar diez kilos en una semana ni tampoco que vas a leer un libro al año. Si quieres que las personas que te rodean te admiren por cumplir tu palabra, procura ser pertinente en los plazos. Y claro, cúmplelos a rajatabla.

Es importante que pienses en los plazos y fechas respecto a los compromisos que haces con tu entorno. Si alguien te pide que lo ayudes a podar su césped el próximo domingo, debes tener claro que podrás hacerlo. Con frecuencia las personas suelen aceptar compromisos lejanos porque les cuesta decir que no o porque en sus mejores fantasías creen que estarán dispuestos a hacerlo al tratarse de una fecha lejana, entonces aceptan y después pasan horas buscando excusas para tratar de eludir el compromiso. Para evitar que esto te suceda, te recomiendo usar una agenda en la que registres los eventos importantes y veas si realmente puedes cumplir o si solo es un deseo de ayudar más que una voluntad real. El poder de la palabra empeñada radica precisamente en eso, en hacer lo que dijiste que harías. Muchas veces es mejor decir que no puedes comprometerte a fallar en el compromiso. Una de las formas más sencillas para saber si debes o no debes empeñar tu palabra es pensar que aquello que te piden lo debes hacer hoy mismo. ¿Me ayudarías a pintar mi casa? ¿Me prestarías dinero? ¿Podrías venir a mi casa? Es cierto, hay algún margen para diferenciar si esto será hoy o en una fecha determinada, pero es bueno saber si estarás dispuesto a hacerlo hoy para saber tu verdadera disposición.

### La palabra es amor

Una de las formas de demostrarle a las personas que te importan y que los consideras en tu corazón es cumpliendo con tu palabra. Es muy fácil lanzar declaraciones al viento, prometer esta vida y la otra y jurar al cielo que estimamos a una persona. Sin embargo, sólo la coherencia de los hechos puede demostrar realmente ese amor. Una persona de palabra no tendrá problemas para confrontar ese tipo de declaraciones con hechos. Y cuando logras establecer la coherencia entre las dos cosas, te conviertes en una persona de fiar, en una persona que todos quieren tener cerca porque simplemente pueden confiar en ti.

Cumplir lo dicho es una forma de mostrar respeto hacia los demás y eso es precisamente lo que busca la mayoría de los seres humanos. Uno de los grandes problemas de autoestima que sufren los adultos en Estados Unidos está relacionado con un sentimiento de falta de respeto. Las personas creen que merecen más respeto del que reciben y que una de las fuentes de esta frustración se encuentra precisamente en su entorno más cercano. Si cumples tu palabra y honras tus compromisos, demostrarás a los demás que los respetas y por la misma razón te convertirás en una persona magnética: todos quieren rodearse de personas que los tratan como ellos creen que se merecen. Cuando alguien te pida un favor que pueda suponer un compromiso, trata de tomar esta acción como un honor. Esa persona lo hace porque cree que puede confiar en ti. Y eso, lo sabrás de antemano, es un honor que no siempre podemos rechazar. Claro: una buena reputación conlleva una dosis de trabajo, nadie dijo que sería fácil.

### Aprende a decir que no

El poder de la palabra radica también en usarla para saber decir que no. Existe una amplia gama de literatura sobre cómo aprender a decir que no cuando no nos sentimos cómodos con una situación. Sin embargo, oponerse sigue siendo muy difícil para muchas personas que terminan por aceptar compromisos que no querían y que muchas veces incumplen, convirtiéndose así en seres poco fiables simplemente porque no supieron decir que no. Yo sé que la presión social puede ser brutal y nos ablanda para aceptar someternos a compromisos en un momento y que, con frecuencia, pensamos: "bien, diré que sí, pero después encontraré una excusa". Y precisamente ese es el problema: nos resulta infinitamente más fácil encontrar excusas que tener el valor necesario para ser coherentes y expresar lo que nos dice nuestro corazón. Al final, quedamos mal por no cumplir con algo que no queríamos cumplir. Así, la recomendación obvia es aceptar sólo los compromisos que nos parecen pertinentes y que estamos realmente dispuestos a cumplir. Tu palabra vale mucho, dale el lugar que se merece aprendiendo a decir que no. Me gustaría dedicar unas palabras a un fenómeno curioso que nos suele suceder a todos: además de tener problemas para decir que no, solemos buscar argumentos para sustentar nuestra negativa. Creemos que debemos dar una explicación cada vez que no sentimos deseo de hacer algo determinado y echamos mano de una larga lista de mentiras o de pretextos que den base a nuestro deseo. La próxima vez que identifiques una situación de esta naturaleza, aventúrate con un simple: "lo siento mucho, pero no podré". Y punto. No debes nada a nadie y a menos de que tenga sentido para ti, no es necesario que expliques la razón de tu voluntad.

### La claridad

Una persona de palabra no se anda con vueltas. No existe un "quizás". Las cosas son sencillas: sí o no. Si no estás seguro de poder cumplir con un compromiso, simplemente di que no y si las circunstancias cambian, puedes retomar la conversación y decir: "bueno, no sé si es un poco tarde, pero ahora sí podré". Las ambigüedades son más insoportables que las negativas. Piénsalo respecto a tu entorno. Seguro conoces a una persona que suele decir que "intentará" cumplir con algo y nunca sabes si ese intento será cierto, si es una forma de descartarse o simplemente lo intentará realmente. Las ambigüedades te convierten en una persona en la que no se puede confiar. Y por mucho cariño que podamos sentir por ellas, estas personas no son nuestras favoritas por el simple hecho de que no sabemos si estarán allí cuando las necesitemos.

La duda y la falta de claridad son también una muestra de un carácter débil, que no sabe lo que quiere y que no tiene la madurez suficiente como para tener las cosas claras. Esto es un reflejo de una personalidad inestable y poco ambiciosa, lo que en otras palabras es una invitación a huir de su compañía a largo plazo. Seamos honestos: nadie quiere una pareja o un amigo que no sabe lo que quiere o que no tiene el valor para ir a buscarlo.

# 15 LA HUMILDAD COMO BANDERA

El escritor estadounidense Ernest Hemingway dijo alguna vez una frase que se me quedó grabada en la mente: "No hay nada noble en ser superior a tu prójimo; la verdadera nobleza está en ser superior a tu yo interior". Es un consejo muy sencillo y profundo a la vez. En los tiempos en que vivimos, la vorágine de la supuesta productividad y la prisa con la que supuestamente debemos conducirnos por el mundo, nos han hecho pensar que el éxito consiste en superar a quienes nos rodean. La falsa creencia de que nos encontramos en una competencia con ganadores y perdedores ha llevado a muchas personas a creer que la humildad es un lastre  del cuál deben librarse, pues la arrogancia les concede automáticamente el lugar en el mundo que creen merecer. Nada más falso. Uno de mis desafíos profesionales favoritos es el de tratar a personas con rasgos narcisistas, pues si logro que enfoquen su personalidad desde otro punto, creo que he logrado un gran aporte al mundo: la humildad es una herramienta poderosísima para impulsar a nuestra sociedad hacia un lugar mejor.

Me gustaría que pensaras un momento en el contraste: ¿no es acaso la arrogancia una de las actitudes más desagradables que puedes encontrarte en una persona? Si haces un repaso veloz, debe estar en el top tres de cosas que hacen que una persona no sea de tu agrado, junto con la envidia y la grosería.

Las personas vitamina son humildes por naturaleza. Saben que no son el centro del mundo y están dispuestas a reconocer sus limitaciones y debilidades y están abiertas al aprendizaje. Esto es un factor fundamental de la humildad: reconocer nuestros errores y tener el corazón abierto para asumir hábitos y conductas que nos permitan ser mejores personas.

De alguna forma, la humildad consiste en olvidar nuestro ego sin olvidarnos de nosotros mismos, como creen erradamente algunas personas. Si alguna vez has tenido contacto con el budismo, sabrás un poco de lo que hablo. El monje budista francés Mathieu Ricard, escribió alguna vez que "una persona humilde no tiene nada qué perder o qué ganar. Si le alaban, piensa que es por lo que es capaz de lograr, no por sí misma como persona. Si le critican, piensa que exponer sus faltas es la mejor ayuda que alguien puede hacerle". Y es que el budismo asegura que la mejor enseñanza que una persona pueda recibir es la que le demuestre sus propias fallas.

¿De qué sirve saber una larga lista de cosas si no sabemos ver nuestro corazón? La humildad está íntimamente relacionada con el sentido de justicia del que hablaba un poco más arriba. No puedes ser justo sin ser humilde, ni podrás ser humilde sin saber lo que es la justicia. Esto porque la justicia y la humildad nos permiten tratar a todas las personas por igual, teniendo un interés genuino por ellos y su bienestar. Una persona humilde es una compañía deseada porque escucha honestamente, es sencillo y comprensivo sin dejar de lado su carácter.

¿Se puede aprender a ser humilde? Sí, por supuesto. Es un trabajo arduo pero vale la pena, pues te ayudará a ser feliz.

### No juzgues

Las personas no valen por la cosas que tienen, por el país en que nacieron o por la ropa que visten. Las personas valen por quienes son realmente, por sus valores y su personalidad, por la ética con la que viven la vida. Si las juzgas por lo material estás perdiendo el sentido de las prioridades y es necesario que corrijas el rumbo de tu vida. Cuando dejas de juzgar te conviertes en una persona abierta a conocer lo que verdaderamente importa y te haces más libre: los juicios y prejuicios son sobretodo una carga para quien los ejerce, son la cárcel que no le permiten salir de una zona en la que tampoco es del todo cómodo, pues si cree erróneamente cosas sobre las personas que lo rodean, no podrá disfrutar plenamente de su compañía.

Por esta razón, uno de los ejercicios para cultivar la humildad es tener un trato igualitario con todas las personas que nos rodean: uno de los mantras fundamentales para cultivar lo que yo considero es el don de la humildad es tener muy presente que no somos superiores a los demás. Tampoco inferiores, eso está por descontado. Ninguna persona vale más que otra, es un principio fundamental.

### Estar equivocado

Al momento de escribir estas líneas, en el planeta existen 7.753 millones de personas y cada una de ellas tiene una visión sobre la vida. ¿Crees que todos tienen la razón? ¿Crees que siempre tienes la razón? La humildad parte de la duda: no se trata de creer que estamos equivocados en nuestra visión del mundo, se trata de tener presente la posibilidad de estar equivocados y, por ello, estar abiertos a la posibilidad de aceptar esa equivocación. Una de las cosas más tristes de la soberbia es el hecho de negarse a aprender. Las personas que creen saberlo todo y tener siempre la razón están cerrando la puerta del conocimiento. Esto es profundamente triste, pues no hay mayor sabiduría que el aprendizaje constante y la confrontación de visiones. No quiero decir con esto que siempre debas dar la razón a los demás, pero deja la puerta abierta. Te será útil en muchos sentidos. No solo caerás mejor sino que te permitirá mirar en tu interior para determinar si tus creencias son las mejores. Recuerda que tenemos una larga lista de ideas que pueden no ser ciertas y que solo las defendemos y respetamos porque estamos insertos en una cultura, en una familia, en una sociedad, en un grupo de personas que las comparten. El hecho de que una idea sea compartida por miles de personas no la hace correcta, solo la hace popular.

En ese sentido, es importante que reconozcas que quizá tus juicios son equivocados. Que quizás lo que creías sobre un determinado asunto sea errado, que cometiste un error. Aceptar nuestros fallos es un paso tremendo en el camino de la humildad, solo un tonto arrogante podría tratar de esconder sus errores cuando la evidencia le demuestra que son errores. No es malo reconocerlos, por el contrario: solo nos hará crecer.

### No eres el centro del mundo

Es probable que en un intento de reforzar tu autoestima y personalidad, tus padres te hayan dicho que vales mucho mucho mucho y que eres muy especial. Eso es cierto, como también lo es que cada uno de los seres humanos vale mucho mucho mucho. No eres el centro del mundo y eso está muy bien. Libérate de ese peso, porque es falso y no te trae nada bueno. Eres una persona con sus defectos y sus virtudes, reconoce los primeros y aprende nuevas virtudes, la vida es corta para creer que el universo gira a tu alrededor, cuanto antes lo interiorices, mejor para ti. Vivirás libre al saber que no eres mejor ni peor, eres un ser humano muy valioso, como todos los demás. Saber ver tus limitaciones es una ventana para aprender a mejorarlas.

Como sabes que no eres el centro del universo, entonces podrás reconocer el valor de los demás: si confías en ellos, podrás vivir su presencia sin juicios previos. Esto es un punto de partida que te permite vivir a las personas desde una hoja en blanco. Su comportamiento -y el tuyo- irán escribiendo esa hoja y determinarán si la confianza que les brindaste ha sido correspondida.

En el mismo sentido, como sabes que no eres el centro de todo, podrás colaborar mejor con otros, pues reconoces que el colectivo puede mucho más que el individuo. Esta es una potente herramienta para quienes están a cargo de grupos de personas. El que entiende que el individualismo no es el camino, ya se ha acercado a la meta.

Una forma de entender que no eres el centro del universo y que te importan los demás es practicar la escucha activa que ya expliqué en un capítulo previo. Para sintetizar: simplemente habla menos y escucha más, es una de las formas más sencillas y profundas de la humildad.

### Humilde pero no sumiso

Uno de los errores que suelen cometer las personas en su intento por cultivar la humildad tiene que ver con la idea equivocada de que tienen que anularse como personas para dar siempre la razón a los demás y de esta forma caer bien. No es así: las personas sumisas no caen bien porque consideramos que su carácter débil no merece nuestra atención. Esta debilidad supone una triste negación de ellos como personas y convierte la humildad en servilismo. Más allá de la instrumentalización ocasional, nadie quiere rodearse de personas serviles, porque su identidad desaparece y se convierte en una cámara de resonancia de las personas que lo rodean. La humildad no se trata de esto: por el contrario, una persona humilde sabe ver el valor de todos los demás, incluyendo el suyo. Rebajarse al servilismo es dejar de existir como una entidad autónoma. Aprende de los humildes, no de los sumisos.

**Gracias**

Después de algunas consultas, mis pacientes suelen bromear conmigo porque algunos consideran que doy demasiada importancia al valor del agradecimiento. "Hey Bill, muchas gracias", me dicen en tono jocoso, apelando a una broma interna en la que yo les pregunto cuándo fue la última vez que dieron las gracias desde el corazón por algo que no sea tangible. Vivimos la vida como si se tratase de algo que nos merecemos y no como un don sagrado. Hemos olvidado el profundo valor de agradecer la posibilidad de estar acá, leyendo, escribiendo, viviendo, amando, soñando.

El agradecimiento es una parte fundamental del don de la humildad. Nos permite mirar a los ojos a la fortuna que tenemos de estar vivos y de gozar de una larga lista de cosas increíblemente buenas. Porque si hoy te despertaste con un beso y recibiste amor, eres un privilegiado. Cuando estamos dispuestos a agradecer, estamos aceptando que no somos el centro del mundo y que lo que tenemos es producto de los actos de otros y eso tiene beneficios en muchos campos, incluyendo tu salud. Un estudio demostró que el sentimiento de paz que te produce la gratitud ayuda a disminuir tu presión arterial y a reforzar tu sistema inmune. No solo se trata de estar en buena forma espiritual, también se refleja en tu cuerpo.

Las personas vitamina son agradecidas por naturaleza y ésta es una de las razones que hace que queramos estar cerca de ellas y hacerles favores: su gratitud hará que sintamos que valió la pena darles la mano y que incluso nos resulte natural ayudarlos: la gratitud establece fuertes vínculos entre las personas.

**Generosidad**

Al igual que la gratitud, la generosidad hace parte de una cadena de favores que compone la humildad. Si eres capaz de ser generoso con lo que tienes, significa que das un valor superior a las personas. Para una persona humilde, nada puede valer más que su prójimo, por lo que compartir los bienes materiales es la demostración viva de eso. Por otro lado, piensa un poco ¿de qué te sirve evitar la generosidad? ¿Realmente necesitas todo lo que tienes? Vivimos en la era de la abundancia y somos prisioneros del temor a la escasez. Yo sé que no siempre podemos compartir absolutamente todo lo que tenemos, pero si reflexionas un poco, no es necesario guardarlo todo. Mucho menos en los países desarrollados. La cultura del más fuerte y del sálvese quien pueda ha creado seres mezquinos que evitan a toda costa compartir. La generosidad rompe esa cadena y te convierte en un ser humilde y bondadoso que todos quieren tener a su lado.

La generosidad también puede expresarse en términos inmateriales. A mi consulta suelen llegar personas que están dispuestas a compartir todos sus bienes pero no sus sentimientos ni su corazón. Memento Mori, recuerda que morirás, y de nada te sirve vivir en la avaricia de sentimientos.

**Pide ayuda**

La humildad es entender que hay miles de cosas que no sabemos o no podemos hacer. Pide ayuda. No dudes en pedir ayuda. Por favor, pide ayuda si la necesitas porque creer que puedes valerte por ti mismo es una locura que a la larga está emparentada con la autodestrucción. Es común ver personas que se creen autosuficientes, impulsados por la soberbia caminan una y otra vez hacia el error. En lugar de parecer polifacéticos y autovalentes, solo demuestran lo que la humanidad sabe desde hace milenios: la obstinación solo te quita tiempo y energía.

La orientación de otras personas te ayudará también a establecer fuertes vínculos con los demás, pues a los seres humanos les gusta sentir que alguien los respeta y los considera útiles y hábiles en algún campo. Haz la prueba con algún amigo. Pídele su ayuda para algo en lo que consideres que es muy bueno y verás aparecer en su rostro una chispa de orgullo alegre por el respeto que le demuestras. Y esto, sin duda, fortalecerá su amistad. Por eso es importante que cuando pidas ayuda y la recibas, demuestres gratitud y  admiración. No seas adulador. Sé honesto y justo: cuando tengas una oportunidad, elogia la ayuda y las cualidades de quien te la brinda.

# 16 LA SEGURIDAD

Uno de mis grandes amigos de la facultad conoció a una chica en una fiesta. Intercambiaron sus números de teléfono y al día siguiente él la invitó a cenar. Ella se mostró un poco titubeante pero finalmente le dijo que lo vería en un restaurante árabe del centro de la ciudad. Mi amigo, Gene, me llamó para contarme muy emocionado que aquella bella rubia había aceptado salir con él. Lo felicité y le encargué que me mantuviera al tanto. Unos días después me llamó para contarme el desarrollo de su cita. Se trataba de una chica encantadora que trabajaba como escritora fantasma de textos políticos. Venía del centro del país y la cena terminó con un paseo por la ciudad, un par de besos furtivos y la promesa de verse pronto. Su relación evolucionó de prisa y al cabo de dos meses Gene me llamó para contarme las últimas novedades. La chica era encantadora, muy inteligente y sumamente culta. Sin embargo, él sentía que dentro de todos esos atributos algo no andaba del todo bien. "Hay una situación que se repite con frecuencia y es que ella nunca sabe lo que quiere", me dijo un poco decepcionado. "Si le pregunto qué quiere para cenar me dice que mejor elijo yo, si le pregunto si le apetece ir al cine, me dice que si a mi me parece, está bien por ella". Esto parecía una minucia en comparación con las cualidades de la chica, pero mi amigo no estaba convencido de seguir adelante con la relación. "No se trata de fruslerías como elegir la cena, esto es solo la punta del iceberg", se lamentaba Gene.

Al cabo de un tiempo, Gene me citó para tomar unos tragos y comentar el asunto conmigo. "Bill, creo que la voy a dejar. Entre más la conozco, me doy cuenta de que su inseguridad me afecta demasiado". En su relato, mi amigo contó que la chica hablaba con frecuencia de quiénes eran sus padres y de qué amigos tenían y de cuánto habían logrado en su vida, tratando de demostrar un valor a través de los logros de otras personas. "Es como si quisiera enseñarme un catálogo de grandes hombres que han estado alrededor suyo o de su familia y con eso validarse como persona", apuntó. Según Gene, uno de los problemas fundamentales de esta mujer era tratar de transmitir estas inseguridades a mi amigo. Era, decía él, como si no le bastase con sentirse insegura, quería que él se sintiera así también. "Cada día me repite: 'Somos tan parecidos, Gene'". Y claro, cada día se parecían más porque ella se mimetizaba con él. Había comenzado a imitar los gustos de mi amigo, abandonando por completo la persona que parecía ser antes de conocerse. Por otro lado, esta mujer vivía comparándose con su hermana, en un lamento interminable por lo que ella consideraba la injusticia de no ser tan inteligente ni bella. "Bien Gene, creo que como psicólogo sabrás muy bien que estás frente a una persona insegura. Ahora es tu decisión si quieres continuar con ella o no, pero ya sabes lo que eso significa", le dije cuando me pidió mi opinión. Al cabo de unos meses, se separaron. Era una mujer muy valiosa, pero no sabía verlo y eso pareció una carga muy pesada para mi amigo. "En otra circunstancia hubiese seguido adelante, pero ya no tengo 20 años", me explicó. No lo juzgo: nadie debe compartir su tiempo con alguien que no lo satisface plenamente.

La inseguridad es un rasgo de la personalidad muy pesado para quienes nos rodean. No existe un componente único ni estático de inseguridad. Hay quiénes la padecen en mayor o menor grado y puede variar con el tiempo. También se puede combatir con terapia conductual. Y es, sin duda, un rasgo que una persona vitamina quiere evitar.

La confianza en uno mismo implica tener consciencia de nuestro valor. Esto resulta una obviedad pero es necesario explicar que todos tenemos voces que nos hacen dudar de nuestro talento y la seguridad implica saber que esas voces casi nunca tienen la razón. No te digo que debas acallarlas, porque debemos ser conscientes de que valemos muchísimo, pero no más que otras personas. La autoconfianza no es una excusa para la soberbia y la prepotencia. Es más, con frecuencia descubrimos que personas con rasgos narcisistas son en realidad inseguros que tratan de maquillar este rasgo con una máscara de superioridad.

No eres superior, eres capaz. Y cuando logras interiorizar este sentimiento, cuando logras comunicártelo y entenderlo, lo comunicas también al exterior. Si tú sabes que puedes confiar en tu talento y capacidad para llevar a cabo una tarea, estás comunicando al mundo no solo que lo harás, sino que puede confiar en ti, pues tú mismo confías en tí.

El escritor Oscar Wilde dijo alguna vez que amarse a uno mismo es el comienzo de un romance de toda la vida y me gustaría agregar que se trata del romance más sano y necesario que puedas imaginarte. La confianza que depositamos en nosotros mismos tiene mucho que ver con nuestra autoestima, una de las bases fundamentales de nuestra estabilidad emocional, pues implica todo el paradigma que creamos alrededor de nosotros desde nuestro nacimiento. Se trata en palabras simples de amar todo lo que representas, pero hacerlo desde una forma justa y honesta como es el verdadero amor: sin idealizar ni lastimar, tratando de mejorar cada día.

Y es que precisamente una buena dosis de autoconfianza es el comienzo para mejorar como personas: si creemos en nosotros, en nuestras capacidades, seremos capaces de creer en que éstas pueden ser mejores cada día. Si crees en ti, es muy probable que tomes decisiones arriesgadas que te ayudarán a ser mejor porque enfrentarás cada desafío con optimismo.

Según el libro  Oxford Handbook of Positive Psychology, carecer de confianza puede ser un pesado lastre: "Si la persona carece de confianza, no habrá acción. Por eso a veces se hace referencia a la falta de confianza como una 'duda paralizadora'. En ocasiones la duda merma el esfuerzo antes de que una acción comience o mientras se está realizando".

Para retomar el caso de mi amigo y su ex novia, me gustaría recordar una escena que me comentó al teléfono: "Esta chica es tan insegura de sí misma que acaba de recibir la noticia sobre una vacante de trabajo en las Naciones Unidas, desde que la conocí me ha hablado de su sueño de trabajar allí, pero no quiere postular porque cree que no lo obtendrá... ¿te das cuenta? Si no postula, es imposible que pueda cumplir su sueño algún día", se lamentó mi amigo. Las cosas funcionan así: confiar en ti no hará que seas el mejor en un determinado campo o que obtengas el trabajo de tus sueños, pero sí hará que tomes los pasos indicados para alcanzar esos objetivos.

### Mejora tu autoconfianza

Podríamos hablar por horas de la importancia de la autoconfianza, pero creo que lo que verdaderamente estás buscando en éstas líneas es cómo mejorarla. Porque sí, se puede mejorar y cultivar.

A grandes rasgos, el comienzo de este proceso está relacionado con un cambio en tus creencias. Hablamos de resetear la máquina y llenarla de nueva información. A ese ordenador que es tu cerebro hay que programarlo nuevamente para que emplee el sistema operativo en el que tú vales muchísimo más de lo que crees. Partamos con las afirmaciones: repite conmigo: "yo puedo, yo puedo, yo puedo". No se trata de magia, es simplemente el comienzo de lo que debes creer. "Yo soy listo y soy capaz de enfrentar los desafíos". ¡Porque claro que eres listo! Estás leyendo un libro para ser más listo, eso te lo demuestra.

Estoy seguro de que en el pasado has recibido cumplidos por alguna de tus habilidades. Tenlos presentes a la hora de enfrentar un desafío. Recuerda que la gente ha confiado en ti en el pasado, ¿por qué no lo harías tú en el presente?

### Comienza a moverte

Esto no es una metáfora: comienza a moverte, porque el ejercicio físico es el comienzo de todo. No tengo que explicarte los grandes beneficios que tiene para tu cuerpo hacer una media de 150 minutos de ejercicio a la semana. Esto lo ha dicho la Organización Mundial para la Salud una infinidad de veces y todos lo sabemos porque si no fue la OMS lo escuchamos en la escuela. Según la Asociación Americana de Psicología, el ejercicio mejora nuestro estado de ánimo y es demoledor contra la depresión y la ansiedad. En términos médicos, hay que recordar el papel de las endorfinas como conectores de las neuronas en el sistema nervioso, algo así como una conexión entre el cuerpo y la mente. Transmiten placer, felicidad, alegría y ayudan a reducir el dolor. Es por eso que cuando hacemos ejercicio, estas hormonas se activan y mejoran el estado de ánimo, incrementan la autoestima y reducen la ansiedad y el estrés. El deporte puede ayudar a mejorar tu confianza si se convierte en una actividad prolongada en el tiempo, pues requiere de cierto compromiso y ya puedes considerar un logro el mero hecho de levantarte cada mañana para ir al gimnasio. Además, el deporte sostenido cambiará tu cuerpo para bien y eso, aunque a veces nos duela admitirlo, es un empujoncito para la confianza.

### Busca la incomodidad

La zona de confort es uno de los grandes peligros para nuestra personalidad. Con la aparente calma de un lugar seguro, nos impide crecer de manera permanente y nos deja estancados en un espacio que muchas veces se parece a la mediocridad.

La seguridad personal está relacionada con una comodidad en cualquier espacio, por eso si buscas salir de los espacios en los que habitualmente te mueves, aprenderás a estar cómodo y confiado en todos los espacios, ampliando tu zona de confort.

¿Y qué es la famosa zona de confort? Bien, es simplemente la rutina que haces todos los días y que no vulneras porque "no eres así". Si quieres ganar confianza en ti mismo, haz cosas que no sueles hacer, como aprender a bailar o desafiarte con pequeños gestos como entablar una conversación con un desconocido en el transporte público. Te invito a que pienses en una de las cosas que nunca te imaginaste haciendo y que te atrevas a probarla, ya verás cómo esto es un primer paso y te ayuda a consolidar tu confianza, porque, entre otras cosas, te demostrará que no es tan terrible salir del caparazón. Todo lo contrario.

### Ya eres seguro

Una de las características más particulares de nuestro cerebro es no distinguir entre la veracidad de los pensamientos, es por esto que puedes sentirte triste cuando comienzas a imaginar la muerte de un ser querido. Entonces vamos a emplear esta condición en nuestro favor. Vamos a actuar como si fuésemos personas con un alto grado de seguridad y para ello debemos tomar una serie de determinaciones:

-Acepta retos y compórtate como si tuvieses plena certeza de que podrás resolverlos sin problemas

    -Camina derecho y eleva ligeramente el mentón

    -Saluda con confianza

    -No tengas miedo a hacer preguntas

    -Di que no cuando lo sientas

    -Mira a las personas a los ojos

    -Habla con un tono sólido

### Cultívate

Hay un proverbio que dice que un pájaro que se posa sobre una rama de un árbol nunca tiene miedo de que esta rama se parta, porque confía en sus alas. Bien, una forma de tener alas es prepararnos para la vida. El aprendizaje constante es la herramienta básica para ello: lee libros, toma cursos, escucha podcast, mira documentales. Nunca dejes de aprender. Llenarte de conocimientos hará que confíes plenamente en tus capacidades, más aún si los productos culturales que consumes están ligados con tu ámbito laboral.

**No pasa nada**

Uno de mis mantras favoritos para las personas que tienen problemas de timidez es pedirles que piensen en el mundo dentro de 100 años. ¿Crees que importará cualquiera de las decisiones que tomes? Incluso, piensa en el mundo si decides hacer una pregunta en una clase universitaria. ¿Crees que tus compañeros se molestarán?¿Crees que lo recordarán en un tiempo? No. No pasa nada. Haz lo que sientas, no dejes de vivir por el miedo al entorno. Disfruta de tu vida porque cada minuto es invaluable. Si logras interiorizar la idea de que no pasa nada por romper la timidez, descubrirás que tu seguridad aumenta naturalmente, porque entiendes que lo único que importa es que vivas plenamente.

**¿Nueva imagen?**

La sensación de seguridad personal está ligada con nuestra percepción física. No se trata de superficialidad, hablo de un estudio de la Universidad de Valencia en adolescentes que demostró el inefable vínculo. Entonces, curiosamente, es uno de los aspectos que podemos modificar fácilmente. La percepción que tienes de ti también está ligada a la ropa que utilizas, por eso si cambias de estilo, tu cerebro puede interpretar también que hay un cambio en marcha. El profesor Adam D. Galinsky, de la Escuela de Administración Kellogg en la Universidad Northwestern, tuvo un hallazgo curioso: según su trabajo, los participantes de un estudio que usaban una bata blanca de laboratorio demostraron mayor concentración. Esto quiere decir que cuando sus participantes se vistieron como médicos, se comportaron como si lo fueran.

**Convierte el miedo en desafío**

Biológicamente, el miedo y la excitación tienen un mismo origen: la adrenalina. Esto quiere decir algo muy potente. En teoría, podemos transformar nuestros miedos en el motor de una acción arriesgada. Esto fue lo que comprobó la doctora Alion Brooks en un estudio publicado en la revista Journal Experimental Psychology. Allí, Brooks dividió a un grupo de estudiantes en tres y los sometió a presión: debían hacer una presentación ante un jurado. Al primer grupo no le dijo nada, mientras que a los otros dos les pidió que dijeran "estoy tranquilo" y "estoy entusiasmado", respectivamente. Los resultados mostraron que el tercer grupo, que asoció los nervios con entusiasmo, tuvo un mejor desempeño en la tarea, modificando su miedo en valor.

Esto nos quiere decir que el diálogo interno y el cambio de perspectiva frente a una tarea que podría asociarse con el miedo pueden cambiar nuestro desempeño.

**Insiste en ti**

Una de las historias con las que comencé este libro recordaba la historia de mi compañera de la escuela a quien consideraban "freak". Su personalidad es un gran ejemplo de cómo insistir en quién eres y en tener la seguridad suficiente para entender que tú eres tú y nada de ese ruido de fondo que son las opiniones ajenas debe hacerte cambiar. No te digo que te cierres a los comentarios constructivos de tu entorno, te digo que seas tú mismo y te sientas cómodo con quien eres. Tienes fallos y errores, dales la importancia que puedan tener pero no te bloquees en ellos y acéptate tal y como eres, dentro tuyo hay un potencial enorme y está basado en mantener tu esencia. Es normal dudar de nosotros, la duda es parte de una personalidad sana. Solo los necios son capaces de mantenerse en certezas. Pero la duda no puede paralizarte. Arriesga, insiste en ti.

Una forma de reforzar esta idea es mantener tus logros siempre a la mano. Cuando dudes, cuando sientas temor por la persona que eres, recuerda todas las cosas buenas que has logrado a lo largo de tu vida. Estoy seguro de que la lista es larga y recordarla te ayudará a disipar los temores y a fortalecer tu confianza.

# 17 ¿Y TÚ, CÓMO ESTÁS?

Durante mis años como estudiante universitario conocí a una persona a la que todos llamaban Yoyo. Tardé muy poco en entender el origen de este sobrenombre, cuando coincidimos en una reunión social y el hombre pasó más de una hora explicando cómo él era el mejor en cada uno de los temas que abordamos, desde el surf hasta cocinar pasta a la napolitana. Yo, yo, yo y más yo: Yoyo. El pobre tipo creía que con su actitud egocéntrica se ganaba un lugar en nuestros corazones que solo él era capaz de ver, porque la realidad de las cosas era que nadie podía soportar su presencia por un largo rato, pues su actitud era tan narcisista que parecía una caricatura. Esa primera noche llegué a pensar que se trataba de una broma de los estudiantes más adelantados, una especie de cámara oculta en la que nos habían puesto delante a un actor con un exagerado grado de egocentrismo para que conociéramos un trastorno de la personalidad en escena. Pero no. Yoyo era real y sus hazañas en el campo del narcisismo eran ya famosas por esos días. Alguna vez lo escuché hablar con gran admiración de un prestigioso profesor del campus y me asombró ese giro en su personalidad hasta que finalizó su apreciación diciendo: "Es casi tan bueno como lo seré yo en pocos años". Como se podrán imaginar, eran muy pocas las personas que querían estar a su lado y la mayoría de los escasos amigos que tenía eran alumnos nuevos que se veían engatusados por su supuesta genialidad hasta que la actitud de Yoyo los aburría y buscaban nuevos rumbos. Todas sus amistades eran fugaces y él lo sabía. Su respuesta a este fenómeno era repetir que él no necesitaba a nadie porque podía valerse solo. La universidad terminó para mí y mis compañeros y le perdí la pista durante varios años hasta que una mañana de otoño entré a una librería especializada en el centro de Boston y me sorprendí al encontrarlo del otro lado del mostrador. Lo saludé con sorpresa sin poder recordar su nombre: "¡Hey…!" El incómodo vacío entre mi expresión y la infructuosa búsqueda de su nombre en mi cerebro se terminó cuando él dijo: "Yoyo, puedes decirme Yoyo si quieres, así es como todos me conocían, ¿no?". Un poco avergonzado por haber compartido la mofa con mis colegas de la universidad tuve que aceptar que en efecto así era. "No te preocupes, Bill, han pasado años de eso y hoy creo que me merecía aquel odioso sobrenombre", dijo con un gesto de aceptación en los hombros. "Después de todo, yo era un tipo insoportable que no sabía nada de la vida", agregó. Me dijo que si tenía tiempo le gustaría tomar un café conmigo después de terminar su turno en la librería y acepté con gusto. El bicho de la curiosidad me había picado al escuchar sus palabras críticas con el pasado. De manera que nos reunimos en un café a la vuelta de su trabajo y me contó a grandes rasgos su historia. Al terminar la universidad seguía tan solo y engreído como antes y creyó que su carácter le serviría para abrirse paso en la vida profesional. Gran error. Una a una se cerraban las puertas de las clínicas psicológicas porque, como dijo frente a su taza de café, "nadie quería a un loco narcisista atendiendo pacientes cuando era él quien necesitaba recibir atención". Entonces decidió que la situación se debía probablemente a la envidia de sus colegas frente a su "genialidad" y decidió establecer su propia consulta. Alquiló una linda oficina en el centro de la ciudad, contrató a una secretaria y realizó una arriesgada campaña de marketing en la que llenó los buses de la ciudad con su rostro. Al cabo de unos días comenzó a recibir pacientes. "No te imaginas, Bill, llegaron a montones creyendo que el tipo de las publicidades podría escuchar todos sus problemas y ayudarlos a encontrar una solución". Pero lo que encontraron fue a un tipo que no escuchaba a nadie y que solo quería hablar de sí mismo. Parecía el colmo de un psicólogo. "No fui un buen profesional, me pagaban sus consultas con la esperanza de una terapia y todo lo que recibían eran pedantes lecciones de un tipo que no paraba de hablar de cuán grandioso era", me dijo. Con el correr de los días, la magia del marketing desapareció y su consulta se vació con la misma velocidad que se había llenado. Las cuentas apremiaban y su nombre aparecía manchado en el gremio: nadie quería contratarlo ni mucho menos asociarse con él para costear los gastos de la oficina. Al cabo de pocos meses se encontró en la penosa situación de cerrar el despacho y asumir una pesada carga de deudas que acabaron con su patrimonio. Tocar fondo lo llevó a refugiarse absurdamente en la bebida y tras un "infierno" de varios años viviendo en albergues y comiendo de las obras de caridad, sintió que tocó fondo y buscó ayuda en los servicios sociales. "Entendí a las malas que yo no era el centro del mundo y que no podía pretender serlo. Existen millones de personas y todas valen lo mismo que yo, pero no supe ver eso antes de acudir a terapia", me aseguró con lágrimas en los ojos. Había aprendido, decía, el valor de la empatía y la humildad. La importancia de entender que el ego puede ser nuestro peor enemigo. "Ahora estoy trabajando en esta librería para pagar mis deudas y volver al mundo profesional, es difícil porque mi nombre sigue siendo asociado a Yoyo, el tipo prepotente que no es capaz de ver a los demás".

Entender el valor de las personas que te rodean es fundamental para convertirte en una persona vitamina. Es simple: piensa en cómo te hacen sentir las personas que no muestran ningún interés por ti, a pesar de que el contexto en que se encuentran supondría una conexión. Se trata de un rasgo básico de una persona que todos quisiéramos tener cerca, porque sienta la base fundacional de las relaciones sanas: la reciprocidad. No se trata de mostrar interés por otros a la espera de que lo demuestren por ti, se trata de mostrar interés genuino y ya. Si no lo recibes de vuelta, puedes cerrar la puerta tranquilamente, pues estarás en paz contigo al haber actuado bajo la premisa correcta.

    ¿Cómo lo hago? Tengo un par de recomendaciones.

### Preguntar

El comienzo de todo está en demostrar ese interés y eso se logra preguntando. ¿Cómo estás? ¿Cómo va tu vida? ¿Cómo avanzan tus proyectos? El calibre de las preguntas lo delimitará tu relación con las personas, no puedes preguntar a alguien en el transporte público cómo va su vida, pero quizás si es una persona mayor puedes preguntarle si quiere tomar tu asiento. Muy sencillo. No se trata de hacer las preguntas incómodas que suele plantear ese pariente pesado en una cena familiar. No seas indiscreto ni metiche, demuestra interés y aprende a leer la disposición de los otros a contar o no guardarse las cosas. El interés por el otro también está marcado por saber leer sus gestos. Si sus respuestas son evasivas, no insistas, eso no es interés, es un principio de acoso y solo parecerás el pesado que se aprendió un cuestionario para fingir interés.

### El interés es amor

Mi madre solía decirme que nadie me desearía tanto éxito en la vida como ella. Bueno, sí, mi padre. Pero por fuera del núcleo familiar es difícil encontrar alguien que pueda alcanzar el mismo nivel. Aun así, es importante entender que el interés es una forma de expresar el amor y el cariño que sentimos por las personas. Si creemos que amamos a alguien, debemos saber demostrarlo más allá del cariño físico. Saber cómo está una persona y cómo avanzan sus sueños es una preciosa muestra de cariño. Házla.

### El sonido más dulce

Esta es una regla de oro: apréndete el nombre de las personas que encuentres y repítelo. Refiérete a ellas por su nombre. El sonido más dulce que pueda escuchar un ser humano es su nombre. No sé qué pensarás tú, pero yo considero que las expresiones como "guapa" están devaluadas. En España se usa con tanta frecuencia que ha perdido el significado y ahora cualquier desconocido llama guapo o guapa a una persona para cobrarle un café. Si te aprendes el nombre de las personas, sentirán que te interesas verdaderamente por ellas y las aprecias como ese Bill o Mary y no como un "oye".

### La escucha activa

Ya hablé de esta técnica en el capítulo dedicado a la necesidad de escuchar a otros, pero me parece importante reiterarlo a la hora de demostrar nuestro interés por los demás. A todos nos gusta que nos escuchen con atención y que las preguntas que nos hagan estén relacionadas con lo que decimos y no sean una forma de conducir la conversación hacia los intereses del otro. Escucha con interés si realmente te interesa una persona. No es necesario que finjas interés por las personas que no te interesan. Es lógico que no todas las personas del planeta están en nuestro corazón.

### La importancia que se merecen

Todos los seres humanos queremos sentir que importamos. Es más, la mayoría de las personas con las que conversas tienden a sentirse superiores a nosotros por razones obvias: confunden autoestima con ego. Más allá de valorar si esto es bueno o malo, trata de dejarles claro que reconoces de forma sincera su valor e importancia. No se trata de mentir, se trata de reconocer y atribuir el valor a las personas que nos rodean. Muchas veces hablamos del inmenso amor que sentimos por una persona, pero nuestros actos no lo demuestran. Así no sirve de gran cosa creer que amamos.

### Trabaja la memoria

Una forma muy sencilla de demostrar interés por los demás es recordar las cosas importantes para ellos. Fechas, acontecimientos o incluso sus palabras. Un amigo solía iniciar sus frases con una muletilla que le valió ganar amigos aquí y allá. Te decía: "Es como tú dices, Bill…" y citaba una frase que tú verdaderamente hubieses pronunciado en el pasado. Hay que estar realmente interesado en alguien como para recordar sus palabras. Inténtalo.

### Leer emociones

A veces no queremos decir cómo nos sentimos. Llevamos un peso en el corazón pero guardamos silencio porque no queremos importunar a los demás con nuestras preocupaciones y sentimientos. Bien, podemos callar pero nuestros gestos nos delatarán. Aprender a leer estos gestos es una potente herramienta para demostrar interés por los demás. Si sabes leer los rostros y las emociones, lograrás una conexión especial con quienes te rodean. Sentirán que realmente estás pendiente de ellos porque aun sin mencionarlo, sabías lo que sentían.

### Me alegra tu alegría

Si una persona no tiene sentimientos positivos ante el éxito de sus amigos, no es realmente su amigo. Si una persona se frustra porque su entorno alcanza logros, su corazón no alberga bondad. Y eso se nota. Un paciente me comentó hace algunos años que tenía un dilema: no sabía si debía terminar su relación con su mejor amiga. Se conocían desde hacía muchos años y eran grandes amigos de conversaciones profundas y cervezas. Alguna vez lo intentaron en el plano romántico pero no funcionó. Eso no cambió su amistad y se veían una vez a la semana para conversar sobre sus vidas. Sin embargo, él heredó cierto dinero y se compró un piso. Cuando le comentó la noticia, ella se mostró contrariada y lo felicitó escuetamente con un gesto amargo en el rostro. Él pensó que sucedía algo en su vida íntima y se lo preguntó. Todo estaba en órden y para despejar sus sospechas, insistió en el tema del piso: ella pareció molesta y ofuscada. Cuando le dijo que estaba deseoso de enseñarselo, ella inventó una excusa tras otra y él no insistió. Llegó a la conclusión de que ella estaba celosa y no se alegraba realmente por su alegría. Mi recomendación fue: administra tu cariño. Hay personas que nos quieren hasta que triunfamos. Nuestra alegría les recuerda su amargura y tratarán de arrastrarnos con ellos. No seas así y si eres así, aléjate de quien te provoque este tipo de sentimientos. A la larga tú serás el más afectado.

### Hagámonos la vida fácil

El tiempo que pasaremos con vida es tan breve que no perderé tiempo en explicarlo. Por ello, si encontramos personas a las que entregar nuestro cariño y atención debemos hacerles la vida fácil. El principio de la reciprocidad dice que ellas harán más fácil la nuestra. Si nos interesa una persona, podemos demostrarlo con pequeños gestos como gestionar nuestras emociones negativas, controlar el rencor y la frustración. No sirve de nada vivir ese tipo de relaciones de reproches y amargura: si realmente te interesa la persona tienes dos opciones: hacerle (y hacerte) la vida fácil controlando tus emociones, o abandonar la relación por el bien de ambos. Si te interesa una persona, hazle la vida fácil: pequeños favores, ofrece tu ayuda, explica lo que no sabe, dedícales tiempo, comparte lo que tienes. Es una forma de ser feliz.

# 18 NO ESPERAR NADA A CAMBIO

La sociedad de consumo nos ha hecho creer que debemos calcular lo que recibiremos a cambio de lo que entreguemos. Nos indica que cada una de nuestras acciones es una transacción en la cual hacemos un intercambio. Yo doy y yo recibo. Eso no siempre es correcto, pues condiciona nuestras relaciones a un nivel mercantilista que nos impide disfrutar del hecho de entregar. Solo eso: entregar. La base de la generosidad está asentada en el antiguo principio que señala que dar es mejor que recibir. Romper aquello puede ser peligroso para nuestra armonía, pues determinará un comportamiento interesado que va en contracorriente con la energía de una persona vitamina.

La lógica de que debemos recibir algo cada vez que entregamos es una cárcel que limita nuestra libertad de acción. Cada vez que sintamos un deseo espontáneo de realizar una acción sin importar lo que podamos obtener de ella, nos veremos dentro del corsé que nos impide ser nosotros mismos.

No soy un tipo religioso, pero no podemos negar las enseñanzas positivas en términos de relaciones humanas que nos han dejado algunos líderes, como por ejemplo la Madre Teresa de Calcuta, conocida por su ayuda a los más necesitados. "Da siempre lo mejor, y lo mejor vendrá", tenía como mantra esta mujer y curiosamente, la generosidad puede tener este efecto sin que siquiera lo busquemos. Un estudio desarrollado por la Universidad de Zurich estableció que la generosidad es también una fuente de felicidad. En la investigación, publicada en la revista Nature Communications, se estableció que los voluntarios participantes fueron más felices cuando gastaron dinero en otras personas.

El equipo de la Universidad de Zurich pidió a 50 personas que pensaran en un regalo para un ser querido. Después les entregaron dinero y se dividió el grupo en dos: unos podrían gastar el dinero en ellos y los otros debían comprar un regalo. Imágenes de resonancia magnética mostraron que las áreas asociadas a la felicidad se activaron más en aquellos que compraban el regalo.

El estudio estableció que las decisiones generosas y la felicidad estaban relacionadas con la interacción entre dos áreas cerebrales, la unión temporal parietal y el estriado central. De manera que, para que nos sintamos bien con los actos generosos, estas regiones involucradas en la empatía y la cognición social necesitan 'sobrescribir' los motivos egoístas en las áreas relacionadas con las recompensas, como reseñó en su momento el diario La Vanguardia.

Pero la investigación no se quedó allí: según el estudio, el monto de dinero gastado no era importante en la repercusión psicológica del hecho, por lo que esto podría indicar que los pequeños gestos hacia nuestro entorno -como hacerle un masaje a tu pareja- podrían tener el mismo efecto.

Pero éste no ha sido el único trabajo en la materia. En el 2006, Jorge Moll, del Instituto Nacional de Salud de Estados Unidos, encontró que cuando las personas hacen caridad se activan las regiones de sus cerebros asociadas al placer, la conexión social y la confianza. Los científicos también creen que los comportamientos altruistas producen las deseadas endorfinas en el cerebro, generando sentimientos de satisfacción y felicidad.

Stephen G. Post, profesor de Medicina Preventiva y Ph. D. —investigador y autor de 'best sellers' que ha dedicado buena parte de sus trabajos a conocer los beneficios de dar—, ha encontrado que ser generoso trae beneficios para la salud pues reduce el estrés y con ello se previene un sinnúmero de enfermedades, a la vez que reduce los niveles de ansiedad y depresión. Según su trabajo, realizado con adultos mayores que practican voluntariados, hacer este tipo de actividades resulta en menores niveles de estrés, ansiedad y depresión.

La generosidad nos resulta especialmente atractiva cuando surge desde la misma necesidad de quien ofrece. Solemos valorar más al recibir ayuda de alguien que la necesita, pues nos hace sentir su empatía hacia nosotros y su deseo de que estemos a salvo. Por eso existe una especie de consenso global sobre el absurdo de la acumulación de riquezas cuando una persona ha alcanzado cierto umbral. Digamos 100 millones de euros. Pero el prejuicio nos lleva a la sensación de que ese tipo de personas son las menos dispuestas a compartir su riqueza con un sentido de justicia. A menudo vemos importantes donaciones de multimillonarios al Estado, sin embargo, estas donaciones son solo una fracción de los impuestos que deberían pagar si la sede jurídica de sus empresas no se encontrase en paraísos fiscales. Pero eso es otro tema. Imagino que si estás leyendo éste libro no perteneces a ese mínimo porcentaje de la población mundial y lo que buscas es convertirte en una mejor persona, una persona por la que sus amigos sonrían al verlo llegar.

En realidad, la generosidad es una actitud de vida, una filosofía desde la que ejercemos nuestro día a día y no se aplica únicamente al dinero. La generosidad existe en todos los ámbitos de la vida y es mucho más apreciable cuando se da en el ámbito del tiempo. Yo puedo regalar cien euros y volver a ganarlos en unas horas de trabajo. Pero una hora de mi vida no la recuperaré nunca. Entonces cuando la entrego a una causa noble, cuando soy generoso con mi tiempo compartiendo con otros, estoy dando lo más valioso que tengo. Y aunque no espere nada a cambio y mi actitud surja desde un gesto noble, siempre recibiré algo a cambio. Puede ser una experiencia, una lección, un aprendizaje o un recuerdo. Cada acto de nuestras vidas implica recibir información, nuestro cerebro es un escáner que no para de recopilar datos y entre más diverso sea nuestro campo de acción, más plasticidad tendremos, entonces ¿por qué negarnos?

Vamos a ver algunas formas de cultivar este don:

### Comparte algo que signifique mucho para ti

El primer paso para poner a prueba y cultivar la generosidad es qué compartes. Si tengo muchísimos chocolates y comparto un par con mi hermano, no estoy siendo precisamente generoso. Pero si comparto mi amada bicicleta, me acerco más a la verdadera esencia de este don. La generosidad significa desapego y aprecio por el otro, pues le damos lo que más queremos con la esperanza de que se sienta tan feliz como nosotros nos sentimos con esa cosa. Como te comentaba, no solo se trata de objetos materiales, también puede ser tu conocimiento o tu tiempo.

### Anula a tu pequeño comerciante

Este es un consejo que probablemente estaría prohibido en una escuela de negocios, pero es la base de la generosidad. No esperar nada a cambio de lo que das. Si eres un calculador, una persona que cree que todo debe ser retribuido, tengo malas noticias para ti. No solo no eres generoso sino que te llevarás un par de decepciones en el camino. La vida está llena de momentos en que dar sin recibir es un regalo en sí.

También me parece importante recordar que no debes esperar que utilicen lo que estás entregando desinteresadamente para lo que tú quieres que lo utilicen. Tú entregaste algo porque lo querías entregar, hasta ahí tienes dominio, el resto no te incumbe y puede ser una fuente de frustración para ambas personas. Nadie da un obsequio con condiciones, de lo contrario no es un obsequio.

Hay quienes dicen que nunca debes recordarle a las personas que les diste algo en algún momento. Yo no estoy tan de acuerdo con esta afirmación, pues la generosidad también debe aplicarse con nosotros mismos. Si en algún momento consideramos que estamos inmersos en una relación manipuladora que nos reclama constantemente no entregar, me parece bastante sano sugerir el recuerdo de todo lo que hemos entregado. Hay personas que dan los mejores años de sus vidas a una pareja y cuando discuten ésta les dice que nunca le ha dado nada. Eso no es así y no debes confundir la generosidad con la falta de amor propio. Por supuesto, esto no quiere decir que debamos llevar una libreta de registro con nuestros buenos actos.

### El don

Me gusta pensar en la generosidad como un don. Por eso no todo el mundo lo posee y es tan apreciado y valorado. Cuando lo pienso de esta manera, lo deseo con fuerza: yo también quiero esa bendición. Yo también quiero tener la capacidad de construir lazos de afecto desde el desapego. La generosidad nos convierte en personas más cercanas a lo que pensamos cuando evocamos el concepto de humanidad.

### Acepta la generosidad de otro

A lo largo de mi vida me he encontrado con personas muy generosas que se sienten incómodas cuando otros se muestran generosos con ellas. Son los primeros a la hora de dar y no escatiman en compartir lo que tienen, así sea poco, para que otras personas se sientan cómodas. Sin embargo, cuando les toca estar del otro lado del mostrador, se ponen incómodos y se niegan a recibir lo que se les ofrece, como si de alguna forma misteriosa sintieran que no lo merecen y que su rol en la vida es otro. No caigas en esa trampa. Tu rol en la vida es ser feliz y a veces recibir es parte de esa felicidad. Además, la generosidad suele tener un efecto en cadena, pues cuando una persona se siente bendecida por la generosidad de otra persona, se vuelve sensible y propensa a ejercer el mismo efecto en otras personas. No cortes la cadena, deja que otros sean generosos contigo.

### Los límites de la generosidad

En un café de Londres encontré un pequeño cuadro con una frase que se me quedó grabada en la memoria: "Si eres de los que dan, debes saber tus límites porque los que quitan nunca tienen límite". Me parece importante recalcar la importancia de saber poner ciertos límites, pero esto se aplica a todo: ya lo decía mi madre, ni tanto que queme al santo ni poco que no lo alumbre. Todo en exceso llega a ser perjudicial y lo que tienes que controlar en este caso no es la bondad de tu corazón sino las relaciones que no son equilibradas. Porque alguien que da sin esperar nada a cambio es puro de corazón, es un ser noble y bueno al que todos quieren a su lado, pero el que se convierte en un recurso de otras personas que abusan de esa generosidad tristemente es cómplice de su tragedia. Porque no tener relaciones equilibradas es sin duda una tragedia que no podemos pasar por alto.

Vive la generosidad sin frenos, pero no permitas que se convierta en un forma de abuso. Recuerda, los que toman, los que quitan, los abusivos no conocen de límites y en ese momento tienes que actuar.

Alguna vez conocí a una persona con cierta fama en el mundo del espectáculo. Era simplemente encantadora. Mucho carisma y sus palabras eran tan precisas y locuaces, tan lúcidas y graciosas, que querías compartir todo tu tiempo con ella. Al cabo de unos meses entablamos una relación amorosa que en un comienzo me llenó de dicha. Pasadas unas semanas entendí por qué esta persona estaba soltera. Cuando yo llegaba a su casa me saludaba con su bella sonrisa y alguna broma para pasar a contarme una serie de cosas muy interesantes que le habían sucedido. Hablaba de grandes rostros del espectáculo con ilusión y después de un par de horas no había encontrado el momento -nunca lo encontraría, claro está- de preguntarme cómo había sido mi día. En el breve tiempo que compartimos, yo hice mucho por ella. Lo hice, claro, de manera desinteresada y con alegría: su dicha por el camino que estaba tomando su carrera era suficiente para mí. Pero, al cabo de un tiempo, esas eternas noches de hablar de sí misma y de su mundo terminaron por aburrirme: yo también existo, me decía a mí mismo. Cuando le comenté mis sentimientos, su reacción me confirmó el desequilibrio de nuestra relación: "lo siento Bill, nunca me hubiera imaginado que tú también querrías hablar de tu vida". No dejes que algo así te pase. Tampoco seas el otro lado: a la larga no llegan lejos. Dar sin recibir es muy agradable, pero también es agradable recibir sin haberlo pedido.

La autoestima juega un papel fundamental en este límite, pues es importante que sepas lo que te mereces. Todos los seres humanos nos merecemos lo mismo, pero no todos tenemos plena conciencia de ésto. Muchas personas están dispuestas a conformarse con poco con tal de no estar solos o tristemente han sido víctimas de un maltrato psicológico que los ha hecho creer que no merecen lo mismo que dan. No es así. Recuérdalo cada día. Si es necesario escríbelo en un papel y pégalo en un lugar visible: tú vales mucho y te mereces todo. Este tipo de relaciones desiguales puede darse en todos los ámbitos: un familiar querido, tu pareja, tus amigos o incluso con tus compañeros de trabajo.

# 19 MIRAR CON LOS OJOS DE UN NIÑO

El escritor británico Aldous Huxley, autor de la obra maestra Un Mundo Feliz, solía decir que el secreto de la genialidad es conservar el espíritu del niño hasta la vejez, lo cual quiere decir nunca perder el entusiasmo. ¿Te has fijado en los ojos de un niño ante fenómenos tan cotidianos como un rayo? ¿Recuerdas lo que sentías cuando eras niño y te proponían una aventura que nunca habías vivido como subir a una montaña? El entusiasmo es la capacidad de seguir viendo las cosas como si fuera la primera vez y en eso los niños tienen una gran ventaja. Su novedad sobre la tierra les permite maravillarse ante todo, cada día es mágico y los conocimientos son una especie de revelación sagrada que los enloquece.

Te tengo una buena noticia: ser niño puede durar para toda la vida. Ver el mundo con ojos de niño es una opción al alcance de la mente y requiere cierto trabajo, pero es posible y te ayudará a ser una persona magnética porque, en el mundo en que vivimos, quienes son capaces de pensar por fuera de la caja, de tener una lógica auténtica, sobresalen. Me gustaría que recordaras un poco algunas de las cosas que pensabas cuando eras niño. Muchas de nuestras ideas de infancia tenían una lógica que escapaba a la retorcida lógica del mundo y de algún modo tenían mucho más sentido que el que tiene el órden de nuestra sociedad. Yo recuerdo a mi pequeño hijo Mike una tarde frente al noticiero en el televisor. Pasaban un informe sobre un atentado terrorista en Israel. El autor había usado una bomba para acabar con la vida de algunos seres inocentes y mi hijo, muy acongojado pues siempre ha sido un ser muy dulce y sensible, me dijo casi entre lágrimas: "Papá, ¿pero por qué no cierran la tienda donde venden esas bombas? Así nadie podría comprarlas y hacer daño a otros". Su reflexión me tocó el corazón y no tuve el valor para explicarle cómo funcionaba el asunto. Otro día lo escuché preguntarle a su madre: "Si Dios hizo a Adán de barro, ¿se deshace cuando llueve?" Hay algunas reflexiones que pueden ser de un carácter anárquico furioso, cuestionando incluso los cimientos de nuestra sociedad. Una de esas la tuvo el hijo de un colega que le preguntó por qué, si Dios amaba tanto a los hombres, creaba los huracanes que acababan con sus casas.

El proceso de crecer implica despegarse de esa lógica pura y natural para aprender una que coincida con la de nuestra sociedad. Curiosamente, ésta nueva lógica es cada vez más parecida alrededor del mundo con el proceso de globalización. Hace tan solo algunas décadas, un niño de América del Sur podría haber crecido con una cosmovisión muy distinta a la de sus pares de Estados Unidos, por decir algo. Hoy en día, el discurso único de las sociedades occidentales ha hecho creer que solo existe una sociedad posible. Pero ese es otro tema. Lo cierto es que crecer y abandonar esa lógica tan natural de los niños es un proceso inevitable: las instituciones nos van moldeando para ser más similares cada día y se habla de "aprendizaje" para denominar un proceso de moldeado como en una fábrica en serie que, entre otras cosas, nos quiere arrebatar bendiciones tan poderosas como la capacidad de asombro. Hoy en día para nadie es una sorpresa que puedas hablar en tiempo real con una persona que está a miles de kilómetros de distancia, que incluso puedas verla por una pequeña pantalla. Damos por sentado hechos tan maravillosos como que la humanidad ha sido capaz de crear unos aparatos que se despegan de la tierra y viajan proyectados por el aire a una velocidad de mil kilómetros por hora, recorriendo en poco tiempo distancias que hace tan solo un siglo eran imposibles. Nos hemos acostumbrado a la magia y por eso ha ido perdiendo su brillo.

Sin embargo, hay personas que aún conservan esa capacidad de asombro. Personas que son capaces de ver el mundo con unos ojos frescos, como si hubiesen crecido solo en cuerpo y sus ojos siguieran tan puros como cuando tenían ocho años. Se trata de personas mágicas que nos ayudan a ver el día a día de manera especial, que parecen divertirse con lo que algunos llaman trabajo y encuentran espacio para las risas a pesar del gran drama de la existencia. Piensa un momento en tu entorno, en las personas que te rodean y que aprecias. Estoy seguro de que podrás identificar alguna de estas características en algunos y es muy probable que coincida con que se trata de las personas que más te atraen. Es porque saben apreciar la simpleza de las cosas. Y en la simpleza hay verdad, belleza y alegría. Un cliché suele sugerir que las cosas más valiosas de la vida, son gratis. Pues estoy de acuerdo con un pequeño bemol: no es que sean gratis, las pagamos con tiempo, algo muchísimo más valioso que el dinero.

Me gustaría retomar el concepto de entusiasmo de Huxley con el que inicié este capítulo para asociarlo a algo fundamental en la vida: la pasión. Debemos aprender de los niños la pasión por las cosas porque ésta nos hará vivir cada día con intensidad. Yo entiendo que no todas las personas tienen la fortuna de trabajar en algo que les apasione. A veces las necesidades económicas nos llevan a hipotecar nuestros sueños por un tiempo, a estacionarlos al lado del camino mientras organizamos nuestra vida. Debes tener en cuenta que el tiempo no perdona y que ese estacionamiento es carísimo. No debes pasar mucho tiempo allí o la cuenta será terrible: llegar al triste momento de las preguntas imposibles como "¿y si me hubiera animado?" es una tragedia irremediable. Por eso debemos perseguir nuestra pasión con entusiasmo. Cuando yo era joven me gustaba suscribir en la corriente de los que llaman a esto "tener hambre". Es que el hambre es un motor. Acá me refiero al hambre física, la necesidad de alimentos, y al hambre de triunfo. No quiero decir hambre de dinero, porque ese es un concepto de triunfo muy alejado a la felicidad verdadera. El dinero nos ayuda, sin duda, pero no es la garantía de la felicidad. Solo la satisfacción de hacer aquello que nos apasiona nos dará el verdadero triunfo. Y para eso hay que vivir con entusiasmo y llevar encendida la esperanza de que podremos realizar lo que soñamos. Tal y como cuando éramos niños.

## Pensamiento divergente

Una de las formas en que la psicología moderna llama a la mirada curiosa de un niño es Pensamiento divergente o pensamiento lateral. Se trata de las formas creativas de mirar un tema y de encontrar soluciones alternativas a los problemas que nos plantea el día a día. Es algo que un niño buscaría a toda costa cuando le plantean una pregunta lógica. Él sabe que la forma tradicional de subir a un edificio es tomar las escaleras o el ascensor, pero en su mentalidad creativa podría proponernos un trampolín. El pensamiento divergente es precisamente eso: ver nuevas formas de pensamiento que cuestionen los existentes y que resulten más eficaces. Porque aunque el trampolín será más divertido, quizás no sea lo más práctico.

Se trata de un tipo de inteligencia ligada a la creatividad que cuestiona constantemente lo preestablecido para encontrar nuevos caminos, de ahí su nombre, ya que hablamos de las ideas que "divergen" de la forma tradicional.

Las personas que emplean el pensamiento divergente son espontáneos ya que su ser interior los está invitando a proponer nuevas rutas. Una persona que no piensa de esta manera simplemente acepta lo que le han dado como solución y no cuestiona lo establecido.

Se trata también de personas con una mente abierta a los que nada les parecerá del todo "descabellado", porque así es como la humanidad ha logrado buena parte de sus grandes descubrimientos. Recuerda el caso de Cristóbal Colón y su llegada al continente americano. El tipo creyó en algo que nadie más creía en su época: que la tierra era redonda, y no plana, y que por allí podría llegar a las indias orientales y saltarse el bloqueo otomano para llevar especies al continente europeo. Y lo logró. También lo logró Nicolás Copérnico, al asegurar que la Tierra giraba alrededor del sol y no el sol alrededor de la Tierra, como se creía entonces. Hay miles de casos de pensamiento divergente en que la apertura a nuevas ideas, a ideas que desafiaban lo establecido, condujo a maravillosos descubrimientos.

Las personas con este tipo de pensamiento tienen una gran imaginación (¡como los niños!) y visualizan ideas completamente originales. Por eso hablamos de personas muy creativas que proponen varias respuestas a una misma pregunta.

Como te podrás imaginar, son personas muy curiosas y constantemente asumen riesgos. No por nada algunos de ellos fueron considerados herejes o locos por defender ideas que en su tiempo eran consideradas absurdas.

Una de las ventajas de las personas que ven el mundo con un pensamiento divergente es que no se quedan anclados en sus creencias. Es más, suelen desafiarlas constantemente, pues saben que lo que hoy damos por cierto puede ser un gran error.

En contraparte, una de las desventajas del pensamiento divergente es que la multiplicidad de respuestas a una pregunta puede hacer que una persona divague y sea poco práctica a la hora de resolver un problema puntual. A veces sus soluciones pueden ser muy creativas pero no muy útiles.

### Imaginación

Las personas que guardan en su corazón a un niño capaz de mirar el mundo con sorpresa poseen una gran imaginación. Por eso suelen estar detrás de grandes inventos y descubrimientos: no aceptan el mundo como tal, les gusta ver nuevas cosas en él y van por el mundo con ideas completamente originales. La capacidad de imaginar un mundo diferente tiene un efecto muy poderoso en quienes los rodean, pues se trata de una forma de desafiar lo establecido y de construir universos personales. La imaginación les permite ver que el mundo no es solo blanco o negro, que existe una amplia gama de colores y que la realidad es una percepción que podemos cambiar. Si quieres estimular tu imaginación te recomiendo que hagas lo mismo que haces cuando quieres correr una maratón: entrena. Dale espacio a tu cerebro para imaginar. Desconectate un poco del mundo dado y trata de crear universos nuevos. Te propongo que emplees el tiempo que dedicas a navegar sin rumbo por las redes sociales en desarrollar ideas nuevas sobre un tema determinado. Por ejemplo, imagina cómo será el planeta en cien años. No dejes que las ficciones te influyan, trata de crear escenarios independientes de todos los que ya conocemos en el cine y la televisión. Es solo un ejercicio de imaginación, todo puede servir. Puedes dar un paseo, caminar es un  buen estímulo para la imaginación.

## ¿Cómo estimular el pensamiento divergente y la mirada de niño?

Con frecuencia escuchamos la expresión que hay que pensar por fuera de la caja. Pero, ¿cuál caja? La mayoría de los seres humanos cree que son los otros quienes viven inmersos en una burbuja. Pocos estamos dispuestos a aceptar que estamos dentro. Es algo similar a lo que sucede cuando se habla de "la gente". Solemos emplear este término para referirnos a todos los demás y culpar a "la gente" de ciertas costumbres, como si nosotros fuéramos una tercera persona, abstracta de la sociedad. Bien, el primer paso para entrar en una forma rupturista de pensamiento es aceptar que estamos dentro de una burbuja y que probablemente nuestro entorno nos haga creer que todo lo que pensamos es correcto porque ellos piensan de manera similar. A esto se le conoce como la caja de eco o caja de resonancia. Quiere decir básicamente que las personas nos asociamos con otras personas que piensan relativamente igual a nosotros. Por esto es que solemos llevarnos grandes sorpresas con los resultados de las elecciones. Esto fue lo que sucedió en 2016 cuando Donald Trump llegó a la presidencia de Estados Unidos. Podías escuchar a cientos de personas decir que no podían creer que esto fuera verdad: "si todos mis amigos y yo votamos por Hilary". Claro, el mundo en el que vives se parece a tus deseos, pero eso no quiere decir que sea mayoritario. Entonces debemos aceptar que estamos dentro de una burbuja y la mejor forma de saberlo es analizar nuestra propia burbuja. ¿Cuáles son las creencias que comparto con mi entorno? ¿Qué tipo de ideas serían despreciadas por mí y por quienes me rodean? ¿Estoy dispuesto a escuchar ideas que cuestionen todo lo que pienso? Se trata de ver la vida desde distintas perspectivas y no amarrarse a ninguna.

Te voy a contar una historia: a comienzos del siglo XX la malaria era una epidemia que amenazaba gravemente el desarrollo de las sociedades en los trópicos del planeta. Acababa con cientos de miles de vidas al año -aún lo hace- y parecía descontrolada sin que los científicos supiesen qué hacer. Entre la comunidad de estudiosos se comenzó a sospechar que esta enfermedad era transmitida por algún animal. ¿Pero por cuál? Bien, todo los hacía creer que la culpable del mal era la cucaracha, por lo que se instalaron pequeños recipientes con agua en las patas de las camas para evitar que éstos insectos treparan por allí mientras las personas dormían. Grave error: el verdadero responsable de la transmisión de la enfermedad es el mosquito Anopheles y los recipientes con agua dejados por los médicos fueron un excelente criadero de sus larvas, lo que potenció aún más el crecimiento de la enfermedad. Las creencias que tenemos pueden estar equivocadas y, peor aún, pueden resultar sumamente perjudiciales, por eso debemos estar dispuestos a cuestionarlas si queremos vivir "por fuera de la caja".

Te voy a dar algunos consejos prácticos para cultivar el pensamiento divergente.

### Lleva una libreta de ideas

Estudios científicos han establecido que los seres humanos tenemos unos 60.000 pensamientos diarios, muchos de ellos compuestos por ideas nuevas. Solemos creer que si se trata de una idea genial, la recordaremos por siempre, después de todo es algo muy novedoso y potente. Grave error: nuestro cerebro no retiene todo lo que pensamos y para evitar que nuestras genialidades se pierdan en las tinieblas del olvido, es bastante práctico tener una libreta donde anotemos lo que pensamos. Además, está comprobado que escribir las cosas nos ayuda a memorizarlas y a generar nuevas ideas al respecto de esta "semilla". Te recomiendo que lleves siempre a mano una libreta.

### El maravilloso día a día

¿No te parece increíble que con solo girar una llave aparezca agua por un grifo? ¿Agua caliente? Estamos acostumbrados a hechos que hace unos años serían impensables, si perdemos la capacidad de deslumbrarnos por ellos, perdemos la capacidad de soñar nuevos hechos. Te invito a vivir el día a día desde el asombro. Déjate sorprender por lo simple y verás cómo fluyen nuevas ideas hacia tí. A veces las mejores ideas son las más simples, dales una oportunidad.

### Expresión libre

Toma una hoja de papel y un lápiz. Si tienes un juego de lápices de colores, tanto mejor. No hay normas. No hay reglas y solo te pido que te expreses como quieras. Puedes dibujar, puedes escribir. La escritura y el dibujo libre son una de las mejores formas de canalizar el pensamiento. Deja que todo fluya, no pienses en tus pensamientos, déjalos salir. Si practicas la expresión libre, con el tiempo verás que hay muchas más cosas dentro de ti de las que creías. Algunos escritores usan esta técnica para combatir contra el síndrome de la página en blanco. Cuando creen que no tienen nada que escribir o que atraviesan un bloqueo, simplemente se ponen delante del teclado y escriben lo que les salga, al cabo de un tiempo han "calentado" y se sienten listos para escribir sobre el tema que habían pensado.

### Brainstorm

Piensa en un problema. Ahora piensa en las soluciones. Sí, en plural. Soluciones. Anota todas las respuestas en una hoja A medida que te esfuerzas por encontrar nuevas soluciones te darás cuenta de que había muchas más opciones que las que pensabas inicialmente. Esto me hace pensar en la historia de un profesor que preguntó a sus alumnos cómo medir la altura de un edificio con un barómetro. La respuesta esperada tenía que ver con la presión del aire, pero uno de ellos dijo que podía atar el barómetro a una cuerda y lanzarlo desde la azotea, después medir la cuerda. El mismo alumno dijo que podía agarrar el barómetro y medir su longitud y la longitud de su sombra, luego medir la longitud de la sombra del edificio y aplicar un cálculo de proporción. También dijo que se podía tomar el barómetro contra la pared del edificio y marcar cuántas veces cabía el aparato a medida que subías, luego contar las veces y multiplicarlas por su tamaño. ¡Todos son métodos correctos!

### Acaba con el miedo

El freno de muchas personas en distintos ámbitos de su vida es el miedo: el qué dirán, el temor al fracaso, el pavor de resaltar entre los demás y ser notado. Este es uno de los enemigos del pensamiento divergente y de la lógica infantil. Si vives pensando en lo que otros dirán de ti, es muy probable que camines por la sombra, que prefieras quedarte con lo que se ha pensado y se ha establecido y aceptes como propias las ideas de los demás porque de esa forma nadie te preguntará nada. Esa es una forma muy respetable de existir, pero no creo que destaques mucho. El temor al riesgo nos deja en el lugar en que nos encontramos. Si esto vale o no la pena, es algo que cada uno debe juzgar. Sin embargo, creo que si aspiras a convertirte en una mejor versión de ti, en la persona vitamina, esto te relegará a un simple analgésico.

**Espíritu de niño**

Bien, vamos a retomar la idea del pensamiento de niño con simples formas de vivir la vida bajo el impulso del entusiasmo. Después de todo, a eso hemos venido. Vivir es un milagro y cada día puede ser una fiesta si así lo decides. Ya debes haber escuchado eso de que la mejor forma de no trabajar ni un solo día de tu vida es elegir un trabajo que te divierta. Como esto suena a una fantasía utópica que no todos podemos costear, también podemos reconfigurar nuestra visión del trabajo que tenemos para buscar la diversión en él.

Te daré consejos simples desde mi niño interior.

-Sonríe y goza de las cosas simples. No te enojes con facilidad, disfruta del absurdo. Si por error pusiste azúcar en lugar de sal, dale una probada y explora. Recuerda que la tradición es solo la ilusión de eternidad.

-No seas duro con los errores de los demás. Todos podemos equivocarnos. Si no hay mala intención, busca la empatía en tu corazón y trata al error ajeno como una pequeña lección.

-¿Y dónde está la sonrisa? Trata de repetirte esta pregunta a lo largo del día. Ya sé que no todos podemos sonreír constantemente, pero inténtalo. Imita a los niños y verás que la alegría fluirá.

-¿Quiéres ser mi amigo? Piensa un segundo: ¿hace cuánto que no haces un amigo nuevo?

-Buenos días. Saludar no está mal, establece conexiones con desconocidos y ablanda la sonrisa. Te dará un poco de serotonina.

-Canta y baila. Qué importa que no sepas hacerlo, trata de vivir la vida como una fiesta. Canta y baila, verás que tu disposición a la alegría se convierte en realidad.

-Juega. Eres el personaje de tu propio videojuego, las tareas que tienes que hacer son las distintas pruebas que tienes que superar para avanzar de etapa. Mira las cosas con humor, después de todo tienes que hacerlas, así que mejor si lo haces con buena cara y un alma feliz.

-El poder de lo sencillo. ¿Viste que aquella nube parece un conejo saliendo del sombrero de un mago? ¿Te fijaste que las palomas comen cosas que no vemos? Lo esencial es invisible a los ojos, dijo alguna vez Antoine de Saint-Exupéry, autor de El Principito.

## Mirada de niño no quiere decir inmadurez

Me gustaría cerrar este capítulo haciendo un breve comentario sobre la gran diferencia que hay entre tener el entusiasmo de un niño y la actitud indolente de alguien inmaduro. Mirar los ojos con un alma infantil no tiene nada que ver con dejar de lado nuestras responsabilidades. Es curiosa y triste la deriva que ha tomado la palabra infantil en nuestra lengua. La empleamos como si se tratase de una característica negativa que denota ingenuidad. ¿Es acaso la ingenuidad algo malo? La pureza de la mirada puede ser un gran don que me parece adecuado conservar. Un mago profesional dijo alguna vez que no le gustaría vivir nunca en una sociedad en la que no se pudiese engañar, pues esto querría decir que nos encontraríamos en una sociedad en la que nadie confía. Con frecuencia se culpa a las personas víctimas de engaños de ser ingenuos, esto me parece un error: el culpable es quien los engañó, no quien confió de buena ley, como lo hacen los niños.

La mirada de niño implica asombro y alegría, implica entusiasmo y emoción. La inmadurez, en cambio, está muy ligada con una falta de empatía con las demás personas pues el ego no deja que estas personas vean un poco más allá de sus narices. Esto es algo que un niño nunca haría. Los inmaduros no saben ver sus responsabilidades y actúan como si alguien más se fuese a hacer cargo de sus vidas. Eso no es lo que buscamos. La actitud deseada es una mezcla de un espíritu virgen con un compromiso con uno mismo sin perder la noción de los otros. Si somos inmaduros y no tenemos empatía, es muy poco probable que tengamos un pensamiento divergente, pues la inmadurez implica creer que nuestra visión del mundo es la única válida.

Si crees que actuar irracionalmente es vivir la vida como un niño, creo que tienes un problema. Solo alguien inmaduro sería capaz de evitar la introspección pues no le interesa aprender de sus errores. A un niño, en cambio, le interesa mucho aprender de sus errores y de los demás.

# 19 CARTA A MI HIJO

Me gustaría cerrar este libro con una licencia personal. Después de todo, las lecciones que aquí he planteado son parte de mis reflexiones y han sido impulsadas por una figura muy especial: mi hijo John. Cada una de las palabras aquí escritas ha sido pensada con el cariño de un padre a un hijo, como una forma de dejar un registro de todo lo que me gustaría enseñar a mi hijo y, si es posible, a los hijos de mi hijo. No hay ninguna pretensión literaria en ella, tan solo el amor de un padre.

Chicago, junio 2022

Querido John,

Hijo amado. He decidido escribir estas líneas porque me gustaría que lo que quiero decirte quede aquí grabado con el poder de la escritura. Sé muy bien que nuestra comunicación es excelente, pero hay cosas que me parece mejor expresar por escrito. Siempre he pensado en las cartas como un registro del tiempo. Cuando yo no esté a tu lado físicamente podrás hacerme revivir tan solo leyendo este texto. Aunque ambos sabemos que estaré a tu lado, dentro de ti, con cada palabra y enseñanza.

Quiero que seas feliz. No diría muy feliz ni el más feliz. La felicidad es un estado único, puro. No hay en ella matices, Eres feliz porque eres, sin más. La felicidad tampoco es una meta: algunos creen erróneamente que deben apuntar a la felicidad como si se tratase de un destino al que deben llegar. Yo me pregunto ¿y cuando lleguen allí, qué? ¿No son acaso las metas algo frágil y pasajero?

Quiero que seas feliz cuando te levantas en la mañana y te mantengas feliz hasta la noche, que seas feliz en tus sueños y en tu futuro.

Para ayudarte a ser feliz solo tengo palabras para ofrecerte. Han sido escritas con todo el amor que pueda albergar mi corazón. Espero que las tomes como eso: instrucciones de alguien que te quiere con fervor y desea lo mejor para ti.

No sé si habrás escuchado eso de "persona vitamina", y si no es así, yo te ayudaré: son las personas que todos queremos tener a nuestro lado porque nos hacen brillar y solo nos generan buenos sentimientos. Me gustaría que fueras uno de ellos. Que cada persona que te rodea sienta que eres indispensable en su vida.

Te regalo este libro, en él encontrarás las palabras que me gustaría recordarte cada vez que las olvides. Tú, y todos los seres humanos, tenemos la capacidad de convertirnos en un motor de cambio de nuestro entorno, en una llama en la oscuridad para quienes han perdido el camino. Léelas con calma y consistencia. Me gustaría decirte que no hay prisa, pero no es así. El tiempo vuela y el mejor momento para comenzar un camino de construcción, de bondad, de espiritualidad sana y de educación en la bondad, era ayer. El segundo mejor momento es hoy.

Por favor, no desfallezcas. A lo largo de tu vida encontrarás trampas y falsas alegrías. No te dejes encandilar por los cristales y abalorios que solo brillan sin ningún valor. Todo lo que verdaderamente vale la pena, cuesta. Esfuérzate al máximo para hacer de cada día una fiesta llena de amor y logros. No dejes para mañana lo que puedes hacer hoy, menos aún si se trata de construirte como buena persona.

Yo estaré a tu lado, en la medida de lo posible y hasta que el rumbo natural de las cosas nos lo permita.

Con amor, Bill. Tu padre.

# ACERCA DEL AUTOR

Bill Waits es un prestigioso psicólogo estadounidense, actualmente es uno de los máximos exponentes de la psicología conductual. En el pasado, Waits publicó el libro Errores no Forzados, donde habla de la importancia de la equivocación como un punto de partida del aprendizaje. En esta ocasión, el profesor Waits toma como pie forzado el concepto de "persona vitamina" para establecer una guía sobre cómo ser una buena persona y ser feliz, se trata una aproximación a su trabajo como terapeuta en el que intenta exponer a sus pacientes a los errores más comunes de la humanidad para no perder tiempo en esta carrera que es la vida.